ACCESO GRATIS ***a la Lectura en la Nube***

Para visualizar el libro electrónico en la nube de lectura envíe junto a su nombre y apellidos una fotografía del código de barras situado en la contraportada del libro y otra del ticket de compra a la dirección:

ebooktirant@tirant.com

En un máximo de 72 horas laborales le enviaremos el código de acceso con sus instrucciones.

ANÁLISIS DEL ARTÍCULO 69-B DEL CÓDIGO FISCAL DE LA FEDERACIÓN. UNA DÉCADA DESDE SU CREACIÓN

Procedimiento de selección de originales, ver página web:

www.tirant.net/index.php/editorial/procedimiento-de-seleccion-de-originales

ANÁLISIS DEL ARTÍCULO 69-B DEL CÓDIGO FISCAL DE LA FEDERACIÓN. UNA DÉCADA DESDE SU CREACIÓN

DR. JORGE ÁLVAREZ BANDERAS

tirant lo blanch
Ciudad de México, 2024

En caso de erratas y actualizaciones, la Editorial Tirant lo Blanch publicará la pertinente corrección en la página web www.tirant.com.

© TIRANT LO BLANCH
EDITA: TIRANT LO BLANCH
Av. Tamaulipas 150, Oficina 502
Hipódromo, Cuauhtémoc,
CP 06100, Ciudad de México
Telf: +52 1 55 65502317
infomex@tirant.com
www.tirant.com/mex/
ISBN: 978-84-1056-074-1

Si tiene alguna queja o sugerencia, envíenos un mail a: *atencioncliente@tirant.com*. En caso de no ser atendida su sugerencia, por favor, lea en *www.tirant.net/index.php/empresa/politicas-de-empresa* nuestro procedimiento de quejas.

Responsabilidad Social Corporativa: http://www.tirant.net/Docs/RSCTirant.pdf

Índice

Prólogo

La reforma al Código Fiscal de la Federación publicada en el Diario Oficial de la Federación el día 9 del mes de diciembre del año 2013, vigente a partir del 1 de enero del año 2014, es una de las más trascendentales que ha tenido tal cuerpo normativo. Importante en cuanto a su magnitud, ya que fueron modificados, adicionados y derogados más de 155 artículos legales, y por supuesto en cuanto a su fin: eminentemente recaudatorio.

Una de las entonces novedades más destacadas fue el nacimiento del artículo 69-B del Código Fiscal de la Federación, tanto para los contribuyentes como para las autoridades, suponía el inminente nacimiento de una nueva era en el combate a la defraudación fiscal. Así fue.

El artículo 69-B del Código Fiscal de la Federación es uno de los más importantes instrumentos legales con que cuenta el Estado para dar frente al defraudador fiscal, por consecuencia es uno de los más discutidos en foros especializados de los profesionales de la Contaduría y el Derecho. Ni que decir en los juzgados, tribunales y hasta en la Suprema Corte de Justicia de la Nación. La cantidad de juicios que se han resuelto y actualmente se tramitan con asuntos relacionados a la aplicación del precepto se cuentan por los cientos de miles.

A la par han sido escritos artículos, ensayos y libros con esfuerzos casi liricos para interpretar los alcances de dicha norma.

He leído mucho sobre el tema, si acaso algo hubiera yo podido considerar como un área de oportunidad para desarrollar al respecto, era que hasta este día todos los textos que he estudiado abarcan tan sólo algunos puntos del artículo a que nos referimos. Y justo ahí, donde muchos autores se han quedado cortos llega a completar el Dr. Jorge Álvarez Banderas.

El trabajo que nos presenta Álvarez Banderas refleja un conocimiento pleno de los antecedentes y de las causas sociales que le dieron origen al artículo 69-B del Código Fiscal de la Federación, así como, sin duda, del momento político en que fue creado y de la gran problemática que intenta resolver. Constituye un estudio sistemático e integral del dispositivo.

Creo que el núcleo de esta obra deriva de una particularidad muy especial con la que no cuentan todos los profesionales del Derecho y la Contaduría, pero afortunadamente sí nuestro autor: el dominio de la teoría y la práctica en la Defensa Fiscal.

La generosidad al obsequiar sus conocimientos, sin reservas, nos habla de la calidad no solo profesional sino humana de Álvarez Banderas. Su objetivo es claro: compartir las ideas.

Aplaudo el logro del autor y en paralelo invito al estimado lector a adentrarse al contenido de la obra con la certeza de que le será constructiva, tiene usted entre sus manos ideas que le ayudarán a construir estrategias para la defensa de derechos, bien sean propios o de sus representados.

Únicamente resta por decir que, de verdad esperamos (Jorge[1] y yo) que este libro despierte todo tipo de comentarios, buenos y malos; dado que no hay más recompensa para quien escribe, que, el que lo lean, y lo sujeten a escrutinio en el foro.

SERGIO O. ESQUERRA LUPIO.
Ciudad de México.
Septiembre de 2023.

[1] Me atrevo a decirle Jorge, puesto que espero me considere su amigo.

Presentación

El artículo 69-B del Código Fiscal de la Federación (CFF) se encuentra vigente desde el día 1 de enero del año 2014, a la fecha cuenta con dos adecuaciones legislativas vigentes, la primera del 25 de julio del año 2018 y la segunda del 1 de enero del año 2022; su adición al ordenamiento legal en cita, surge de la necesidad de limitar la compraventa de comprobantes fiscales en el país entre contribuyentes, determinando así la situación fiscal de miles de éstos, siendo unos cientos solamente los que han logrado sortear en tribunales los procesos jurisdiccionales y solo unos cuantos en sede administrativa.

En la exposición de motivos de la iniciativa de ley presentada por el Poder Ejecutivo Federal desde septiembre del año 2013 a la Cámara de Diputados del Congreso General, como cámara de origen del proceso legislativo conforme al inciso h) del artículo 72 constitucional, se identifican a dichas operaciones como "tráfico" al comerciar o negociar con comprobantes fiscales y a los operadores como "traficantes", lo que nos sitúa en un contexto de naturaleza delictivo al considerarse como negocios no lícitos, en perjuicio de la hacienda pública federal, en cantidades "inimaginables" para el colectivo popular.

Las reformas y adiciones en cita derivan de los reveses jurisdiccionales para la autoridad administrativa y con ello intentan perfeccionar los actos administrativos en la práctica, sin embargo la habilidad de los "estrategas" fiscales que están detrás de este tipo de prácticas perniciosas es muy grande, lo que les permite seguir operando impunemente, al no estar interesado el Estado en procesarlos en una vía penal, quedando solamente la administrativa a salvo, la que eluden con facilidad por parte de los emisores, no así los receptores que se ven imposibilitados en operar al serles cancelados su certificado de sello digital (CSD).

A diez años de su creación, es oportuno analizar dicho numeral por su trascendencia e impacto en los contribuyentes en su esfera jurídica, especialmente de aquellos que por alguna causa administrativa han cometido errores, lo que les ha ocasionado situarse en alguno de los supuestos con consecuencias económicas sustanciales; así podrán contar con antecedentes claros y precisos que les permitirá advertir los riesgos a seguir, antes de tomar el camino equivocado pretendiendo pagar menos contribuciones a sugerencia de terceros que garantizan la efectividad de este tipo de operaciones delictivas.

El artículo 69-B del CFF objeto del presente trabajo, a la fecha se consigna en los siguientes términos:

> **Artículo 69-B.** Cuando la autoridad fiscal detecte que un contribuyente ha estado emitiendo comprobantes sin contar con los activos, personal, infraestructura o capacidad material, directa o indirectamente, para prestar los servicios o producir, comercializar o entregar los bienes que amparan tales comprobantes, o bien, que dichos contribuyentes se encuentren no localizados, se presumirá la inexistencia de las operaciones amparadas en tales comprobantes.
>
> En este supuesto, procederá a notificar a los contribuyentes que se encuentren en dicha situación a través de su buzón tributario, de la página de Internet del Servicio de Administración Tributaria, así como mediante publicación en el Diario Oficial de la Federación, con el objeto de que aquellos contribuyentes puedan manifestar ante la autoridad fiscal lo que a su derecho convenga y aportar la documentación e información que consideren pertinentes para desvirtuar los hechos que llevaron a la autoridad a notificarlos. Para ello, los contribuyentes interesados contarán con un plazo de quince días contados a partir de la última de las notificaciones que se hayan efectuado.
>
> Los contribuyentes podrán solicitar a través del buzón tributario, por única ocasión, una prórroga de cinco días al plazo previsto en el párrafo anterior, para aportar la documentación e información respectiva, siempre y cuando la solicitud de prórroga se efectúe dentro de dicho plazo. La prórroga solicitada en estos términos se entenderá concedida sin necesidad de que exista pronunciamiento por parte de la autoridad y se comenzará a

computar a partir del día siguiente al del vencimiento del plazo previsto en el párrafo anterior.

Transcurrido el plazo para aportar la documentación e información y, en su caso, el de la prórroga, la autoridad, en un plazo que no excederá de cincuenta días, valorará las pruebas y defensas que se hayan hecho valer y notificará su resolución a los contribuyentes respectivos a través del buzón tributario. Dentro de los primeros veinte días de este plazo, la autoridad podrá requerir documentación e información adicional al contribuyente, misma que deberá proporcionarse dentro del plazo de diez días posteriores al en que surta efectos la notificación del requerimiento por buzón tributario. En este caso, el referido plazo de cincuenta días se suspenderá a partir de que surta efectos la notificación del requerimiento y se reanudará el día siguiente al en que venza el referido plazo de diez días. Asimismo, se publicará un listado en el Diario Oficial de la Federación y en la página de Internet del Servicio de Administración Tributaria, de los contribuyentes que no hayan desvirtuado los hechos que se les imputan y, por tanto, se encuentran definitivamente en la situación a que se refiere el primer párrafo de este artículo. En ningún caso se publicará este listado antes de los treinta días posteriores a la notificación de la resolución.

Los efectos de la publicación de este listado serán considerar, con efectos generales, que las operaciones contenidas en los comprobantes fiscales expedidos por el contribuyente en cuestión no producen ni produjeron efecto fiscal alguno.

La autoridad fiscal también publicará en el Diario Oficial de la Federación y en la página de Internet del Servicio de Administración Tributaria, trimestralmente, un listado de aquellos contribuyentes que logren desvirtuar los hechos que se les imputan, así como de aquellos que obtuvieron resolución o sentencia firmes que hayan dejado sin efectos la resolución a que se refiere el cuarto párrafo de este artículo, derivado de los medios de defensa presentados por el contribuyente.

Si la autoridad no notifica la resolución correspondiente, dentro del plazo de cincuenta días, quedará sin efectos la presunción respecto de los comprobantes fiscales observados, que dio origen al procedimiento.

> Las personas físicas o morales que hayan dado cualquier efecto fiscal a los comprobantes fiscales expedidos por un contribuyente incluido en el listado a que se refiere el párrafo cuarto de este artículo, contarán con treinta días siguientes al de la citada publicación para acreditar ante la propia autoridad, que efectivamente adquirieron los bienes o recibieron los servicios que amparan los citados comprobantes fiscales, o bien procederán en el mismo plazo a corregir su situación fiscal, mediante la declaración o declaraciones complementarias que correspondan, mismas que deberán presentar en términos de este Código.
>
> En caso de que la autoridad fiscal, en uso de sus facultades de comprobación, detecte que una persona física o moral no acreditó la efectiva prestación del servicio o adquisición de los bienes, o no corrigió su situación fiscal, en los términos que prevé el párrafo anterior, determinará el o los créditos fiscales que correspondan. Asimismo, las operaciones amparadas en los comprobantes fiscales antes señalados se considerarán como actos o contratos simulados para efecto de los delitos previstos en este Código.
>
> Para los efectos de este artículo, también se presumirá la inexistencia de las operaciones amparadas en los comprobantes fiscales, cuando la autoridad fiscal detecte que un contribuyente ha estado emitiendo comprobantes que soportan operaciones realizadas por otro contribuyente, durante el periodo en el cual a este último se le hayan dejado sin efectos o le haya sido restringido temporalmente el uso de los certificados de sello digital en términos de lo dispuesto por los artículos 17-H y 17-H Bis de este Código, sin que haya subsanado las irregularidades detectadas por la autoridad fiscal, o bien emitiendo comprobantes que soportan operaciones realizadas con los activos, personal, infraestructura o capacidad material de dicha persona.

La temática sobre el artículo se desarrolla en diez apartados que corresponden a cada uno de los párrafos que lo integran, en cada capítulo se transcribe en principio el párrafo de que se trata, posteriormente se plasma en un cuadro comparativo los cambios que ha sufrido, para que el lector identifique el contexto de este tocante a la fecha de su adición o reforma legislativa, enseguida se integra la exégesis y anotaciones jurisprudenciales del Poder Judicial de la Federación al mismo; adicional a lo anterior, fueron surgiendo temas que comparto en base a la experiencia vivida, que pueden resultar de interés para los estudiosos del Derecho Fiscal.

En el siguiente cuadro se aprecia el texto original (2014), el contenido de la primera reforma y adición (2018) y la segunda adición (2022) al artículo 69-B del CFF.

Texto original	Primera reforma	Segunda reforma
Cuando la autoridad fiscal detecte que un contribuyente ha estado emitiendo comprobantes sin contar con los activos, personal, infraestructura o capacidad material, directa o indirectamente, para prestar los servicios o producir, comercializar o entregar los bienes que amparan tales comprobantes, o bien, que dichos contribuyentes se encuentren no localizados, se presumirá la inexistencia de las operaciones amparadas en tales comprobantes.		
En este supuesto, procederá a notificar a los contribuyentes que se encuentren en dicha situación a través de su buzón tributario, de la página de internet del Servicio de Administración Tributaria, así como mediante publicación en el Diario Oficial de la Federación, con el objeto de que aquellos contribuyentes puedan manifestar ante la autoridad fiscal lo que a su derecho convenga y aportar la documentación e información que consideren pertinentes para desvirtuar los hechos que llevaron a la autoridad a notificarlos. Para ello, los contribuyentes interesados contarán con un plazo de quince días contados a partir de la última de las notificaciones que se hayan efectuado.		

	Los contribuyentes podrán solicitar a través del buzón tributario, por única ocasión, una prórroga de cinco días al plazo previsto en el párrafo anterior, para aportar la documentación e información respectiva, siempre y cuando la solicitud de prórroga se efectúe dentro de dicho plazo. La prórroga solicitada en estos términos se entenderá concedida sin necesidad de que exista pronunciamiento por parte de la autoridad y se comenzará a computar a partir del día siguiente al del vencimiento del plazo previsto en el párrafo anterior.	
Transcurrido dicho plazo, la autoridad, en un plazo que no excederá de cinco días, valorará las pruebas y defensas que se hayan hecho valer; notificará su resolución a los contribuyentes respectivos a través del buzón tributario y publicará un listado en el Diario Oficial de la Federación y en la página de internet del Servicio de Administración Tributaria, únicamente de los contribuyentes que no hayan desvirtuado los hechos que se les imputan y, por tanto, se encuentran definitivamente en la situación a que se refiere el primer párrafo de este artículo. En ningún caso se publicará este listado antes de los treinta días posteriores a la notificación de la resolución.	Transcurrido el plazo para aportar la documentación e información y, en su caso, el de la prórroga, la autoridad, en un plazo que no excederá de cincuenta días, valorará las pruebas y defensas que se hayan hecho valer y notificará su resolución a los contribuyentes respectivos a través del buzón tributario. Dentro de los primeros veinte días de este plazo, la autoridad podrá requerir documentación e información adicional al contribuyente, misma que deberá proporcionarse dentro del plazo de diez días posteriores al en que surta efectos la notificación del requerimiento por buzón tributario. En este caso, el referido plazo de cincuenta días se suspenderá a partir de que surta efectos la notificación del requerimiento y se reanudará el día siguiente al en que venza el referido plazo de diez días. Asimismo, se publicará un listado en el Diario Oficial de la Federación y en la página de Internet del Servicio de Administración Tributaria, de los contribuyentes que no hayan desvirtuado los hechos que se les imputan y, por tanto, se encuentran definitivamente en la situación a que se refiere el primer párrafo de este artículo. En ningún caso se publicará este listado antes de los treinta días posteriores a la notificación de la resolución.	

Los efectos de la publicación de este listado serán considerar, con efectos generales, que las operaciones contenidas en los comprobantes fiscales expedidos por el contribuyente en cuestión no producen ni produjeron efecto fiscal alguno.		
	La autoridad fiscal también publicará en el Diario Oficial de la Federación y en la página de Internet del Servicio de Administración Tributaria, trimestralmente, un listado de aquellos contribuyentes que logren desvirtuar los hechos que se les imputan, así como de aquellos que obtuvieron resolución o sentencia firmes que hayan dejado sin efectos la resolución a que se refiere el cuarto párrafo de este artículo, derivado de los medios de defensa presentados por el contribuyente.	
	Si la autoridad no notifica la resolución correspondiente, dentro del plazo de cincuenta días, quedará sin efectos la presunción respecto de los comprobantes fiscales observados, que dio origen al procedimiento.	
Las personas físicas o morales que hayan dado cualquier efecto fiscal a los comprobantes fiscales expedidos por un contribuyente incluido en el listado a que se refiere el párrafo tercero de este artículo, contarán con treinta días siguientes al de la citada publicación para acreditar ante la propia autoridad, que efectivamente adquirieron los bienes o recibieron los servicios que amparan los citados comprobantes fiscales, o bien procederán en el mismo plazo a corregir su situación fiscal, mediante la declaración o declaraciones complementarias que correspondan, mismas que deberán presentar en términos de este Código.		

En caso de que la autoridad fiscal, en uso de sus facultades de comprobación, detecte que una persona física o moral no acreditó la efectiva prestación del servicio o adquisición de los bienes, o no corrigió su situación fiscal, en los términos que prevé el párrafo anterior, determinará el o los créditos fiscales que correspondan. Asimismo, las operaciones amparadas en los comprobantes fiscales antes señalados se considerarán como actos o contratos simulados para efecto de los delitos previstos en este Código.		
		Para los efectos de este artículo, también se presumirá la inexistencia de las operaciones amparadas en los comprobantes fiscales, cuando la autoridad fiscal detecte que un contribuyente ha estado emitiendo comprobantes que soportan operaciones realizadas por otro contribuyente, durante el periodo en el cual a este último se le hayan dejado sin efectos o le haya sido restringido temporalmente el uso de los certificados de sello digital en términos de lo dispuesto por los artículos 17-H y 17-H Bis de este Código, sin que haya subsanado las irregularidades detectadas por la autoridad fiscal, o bien emitiendo comprobantes que soportan operaciones realizadas con los activos, personal, infraestructura o capacidad material de dicha persona.

De la lectura del artículo 69-B del CFF, se desprende que la autoridad fiscal podrá presumir que son inexistentes las operaciones que soportan los comprobantes fiscales expedidos por un contribuyente, si detecta que no cuenta con los activos, personal, infraestructura o capacidad material, directa o indirecta, para prestar los servicios o producir, comercializar o entregar los bienes que amparan tales comprobantes, o bien, que ese contribuyente no sea localizable; para lo cual se establece un procedimiento mediante el que se le dará a conocer al causante la presunción que existe en su contra en el sentido de que expide tales comprobante por operaciones inexistentes, a fin de que tenga la oportunidad de desvirtuarla.

Tal disposición prevé qué efectos tendrán los comprobantes fiscales, cuyo emisor no desvirtúe la presunción de inexistencia de operaciones que existe en su contra, así como la manera en que los terceros que los hayan utilizado en su beneficio, podrán acreditar que sí realizaron los actos o actividades que amparan tales comprobantes.

En otras palabras, el artículo 69-B del CFF, prevé el procedimiento y consecuencias de la presunción en que la autoridad fiscal puede considerar, salvo prueba en contrario, la inexistencia de las operaciones amparadas por los comprobantes expedidos, basándose en la prueba de un hecho distinto, esto es, que el contribuyente emisor no cuente con los activos, personal, infraestructura o capacidad material, directa o indirectamente, para prestar los servicios o producir, comercializar o entregar los bienes que respaldan esos comprobantes, o bien, que se encuentre no localizado, y las contradicciones entre el valor de los comprobantes y la capacidad de su emisor, según lo haya detectado la autoridad.

Sin embargo, debe seguirse insistiendo en tribunales, que el artículo 69-B del CFF, viola el derecho humano de seguridad jurídica; ello, dado que tal numeral: a) No limita las facultades de la autoridad fiscal para determinar la inexistencia de operaciones. b) No contiene parámetros legales objetivos mediante los cuales deba determinar la inexistencia de operaciones; y c) Permite una actuación subjetiva a la autoridad fiscal, al no establecer claramente cuál es el caudal probatorio mediante el cual se pueda demostrar la indefinida jurídicamente "materialidad".

Una de las últimas novedades en materia del artículo 69-B del CFF, fue la publicación en el Diario Oficial de la Federación en fecha tres de marzo del año 2022, de la Resolución que reforma y adiciona las Disposiciones de Carácter General a que se refiere el artículo 115 de la ley de instituciones de crédito, donde con apego a la Recomendación 4 del Grupo de Acción Financiera (GAFI) y al contenido del Informe de Evaluación Mutua de México, emitido por dicho organismo intergubernamental en enero del año 2018, se considera que resulta necesario fortalecer el marco legal respecto a la conformación de la "Lista de Personas Bloqueadas", en razón de que nuestro país, como miembro del GAFI, ha reconocido la conformación de empresas fantasma *(sic)* como técnica generalizada para realizar operaciones con recursos de procedencia ilícita; en este sentido se adicionan los supuestos de inclusión y eliminación en la "Lista de Personas Bloqueadas" a aquellos contribuyentes a que se refieren los párrafos cuarto y sexto del artículo 69-B del CFF, lo anterior a efecto de prevenir la comisión de los delitos de operaciones con recursos de procedencia ilícita y financiamiento al terrorismo; publicación vigente a partir del día siguiente al de su publicación en el DOF.

El establecimiento del artículo objeto de estudio en el presente trabajo, le ha permitido a la autoridad administrativa federal en cargada de la recaudación nacional, fortalecer la hacienda pública sin necesidad de desplegar actos de molestia tales como requerimientos de información y documentación o bien de iniciar facultades de comprobación mediante una visita domiciliaria o una revisión electrónica, ha bastado el tener una base de datos ya en este tiempo debidamente estructurada, para emitir cartas invitación que no son actos definitivos susceptibles de impugnación por disposición de ley, mediante los cuales, gran parte de contribuyentes a los que se dirigen toma conciencia y opta por regularizar su situación fiscal, so pena de la amenaza velada de iniciar acciones de naturaleza punitiva hacia su persona o empresa que corresponda, cuando en realidad son muy pocas las acciones legales en materia penal las que se han iniciado, en especial en la actual administración pública federal.

Ha sido un secreto a voces que las dos administraciones públicas federales que han convivido con este nuevo numeral, se han visto beneficiadas con la operación del tráfico de comprobantes fiscales con operaciones inexistentes para poder disponer de recursos públicos en forma indebida, lo que se ha traducido en un quebranto financiero de proporciones inimaginables, sin que al estado mismo le resulte de interés abatir esta práctica perniciosa que sigue vigente.

La publicación en los últimos años de esta administración pública federal de contribuyentes que se encuentran en los supuestos del artículo 69-B del Código Fiscal de la Federación ha ido a la baja, son muy pocos los contribuyentes relacionados en dichas listas, que dicho sea de paso también han disminuido sus publicaciones, no por el hecho de que exista una disminución en este tipo de operaciones, sino por la evidente falta de interés por denunciar a quienes operan bajo este tipo de esquemas, seguramente con la finalidad de no verse involucrados y afectados por ser parte de las mismas.

El presente trabajo es el resultado del estudio de dicho numeral y de la lucha jurisdiccional contra la actitud de la autoridad fiscalizadora en su afán de detener la práctica indebida de traficar con comprobantes fiscales, bajo un extremismo de no darle la razón al contribuyente emisor o receptor que muchas ocasiones es inocente y se encuentra en alguno de los supuestos del hecho imponible por accidente.

Causas o razones legislativas

EXPOSICIÓN DE MOTIVOS DEL 8 DE SEPTIEMBRE DEL AÑO 2013

Con fundamento en lo dispuesto por el artículo 71, fracción I, de la Constitución Política de los Estados Unidos Mexicanos, el 8 de septiembre del año 2013, el titular del Poder Ejecutivo Federal, sometió ante la Cámara de Diputados, la Iniciativa de Decreto por el que se reforman, adicionan y derogan diversas disposiciones de la Ley del Impuesto al Valor Agregado, de la Ley del Impuesto Especial sobre Producción y Servicios y del Código Fiscal de la Federación (CFF).

El apartado denominado como "uso indebido de comprobantes fiscales" de dicha exposición de motivos, en el apartado de adecuaciones al CFF, refiere a que, una de las causas más dañinas y que más ha contribuido para agravar la recaudación fiscal, son los esquemas agresivos de evasión fiscal, por lo que deben eliminarse o corregirse los motivos que los originan, a través de instrumentos eficaces que permitan combatir frontalmente el referido fenómeno.

Precisa que cuando no se cuenta con dichos instrumentos se provoca el avance de nuevas prácticas de evasión, las cuales erosionan de manera grave las bases gravables, sin poder reflejar incrementos significativos en la recaudación.

Un ejemplo que ilustra la evolución y sofisticación en la forma en que los contribuyentes disminuyen o evaden el pago de sus obligaciones fiscales, sigue señalando en dicha exposición de motivos, es el derivado de la adquisición de comprobantes fiscales.

Enseguida detalla la forma en que operan quienes se ven involucrados en esta práctica perniciosa, señalando que inicialmente este esquema consistía en usar comprobantes apócrifos, con la finalidad de deducir y acreditar las cantidades amparadas en los mismos, sin haber pagado las cantidades que se reflejaban en ellos; posteriormente, con los controles de seguridad y requisitos que la autoridad implementó en diversas reformas tendientes a evitar y detectar la emisión de comprobantes fiscales apócrifos, disminuyó temporalmente el recurrir a esta práctica; sin embargo, estas prácticas indebidas evolucionaron, llevando a los contribuyentes evasores a recurrir a estructuras mucho más complejas, para tratar de obtener beneficios fiscales en perjuicio del fisco federal.

Tal es el caso del tráfico de comprobantes fiscales, que en esencia consiste en colocar en el mercado comprobantes fiscales auténticos y con flujos de dinero comprobables, aunque los conceptos que se plasman en los mismos, carecen de sustancia o la poca que pudieran tener no es proporcional a las cantidades que amparan los referidos comprobantes; por primera ocasión se alude al "tráfico" de dichas operaciones, teniendo un impacto en el lector tal, que pudiera desestimarle de realizar dichas conductas, lo que a la postre no sucede.

Es importante resaltar en este momento de la lectura de dichas causas o razones legislativas propuestas por el Poder Ejecutivo Federal, que nunca se define la parte aludida como "sustancia" -economica-, lo que hasta la fecha existe y genera un alto grado de incertidumbre jurídica al contribuyente; sigue la exposición de motivos señalando que, es en estas operaciones, que el adquirente del comprobante fiscal generalmente recibe directamente o a través de interpósita persona la devolución de la erogación inicialmente facturada menos el cobro de las comisiones cobradas por el traficante de comprobantes fiscales.

Así, la exposición de motivos señala que, con esta devolución se cierra el círculo del tráfico de comprobantes fiscales, en el cual el adquirente logra su objetivo de deducir y/o acreditar un concepto por el cual en realidad erogó una cantidad mucho menor, erosionando con ello la base del impuesto correspondiente en perjuicio del fisco federal y a su vez los traficantes de comprobantes fiscales obtienen una utilidad por expedir dichos comprobantes.

Al día de hoy, estamos hablando del 8 de septiembre del año 2013, precisan como un mero formalismo ya que en la práctica no sucede así, que las autoridades han combatido arduamente esta práctica ilegal, haciendo uso de todas las herramientas, procedimientos e instrumentos con las que cuenta para ello, como la facultad para rechazar una deducción o un acreditamiento amparado en un comprobante fiscal traficado; sin embargo, la complejidad y sofisticación que han alcanzado estos grupos criminales, obligan a implementar nuevas medidas que hagan frente a esta problemática y que permitan adaptarse al dinamismo y velocidad en que operan.

Para la autoridad administrativa en su propuesta, consdera que algo que se ha detectado y que se presenta de manera genérica en este grupo delictivo, tanto de la traficante, como de sus cómplices y, en ocasiones, hasta el adquiriente final es que generalmente son partes relacionadas, donde sus accionistas, administradores u apoderados son las mismas personas; en realidad no se eqivocan; adicionalmente este grupo delictivo ofrece una gran variedad de objetos sociales para poder adecuarse a las necesidades de los adquirientes, con la emisión de comprobantes fiscales con conceptos que ayuden a disfrazar mejor la operación.

Asimismo, se ha detectado que los traficantes o emisores de facturas suelen tener una vida activa muy breve, liquidando la "empresa" original o dejándola simplemente inactiva; el negocio de las personas que se dedican al tráfico de comprobantes fiscales, se basa en la constante constitución de sociedades, las cuales comienzan en apariencia cumpliendo con sus obligaciones fiscales y, posteriormente comienzan a incumplirlas, confiados en que para cuando la autoridad fiscal pretenda fiscalizarlas, las mismas ya se encontrarán no localizadas o han sido preparadas corporativamente para dejar al frente de las mismas a testaferros, empleados, personal doméstico o similares y generalmente sin activos ni condiciones remotamente cercanas a las necesarias que puedan garantizar la prestación del servicio o el transporte, producción o comercialización de los bienes o servicios que sus facturas amparan.

En suma, inicia concluyendo la exposición de motivos, que derivado de la información procesada por el Servicio de Administración Tributaria (SAT) se han podido identificar una serie de patrones que generalmente están presentes en las sociedades que realizan el tráfico de comprobantes fiscales, como son: 1. Tienen un objeto social muy amplio para poder ofrecer al cliente un comprobante fiscal con un concepto que pueda disfrazarse mejor dentro de las actividades preponderantes de éste. 2. Emiten comprobantes fiscales correspondientes a operaciones que no se realizaron. 3.- Emiten comprobantes fiscales cuya contraprestación realmente pagada por las operaciones consignadas en los mismos es sólo un mínimo porcentaje y no tiene proporción con dichas operaciones. 4. No tienen personal o éste no es idóneo o suficiente para llevar a cabo las operaciones que se especifican en los comprobantes fiscales. 5. No tienen activos o éstos no son idóneos o suficientes para llevar a cabo las operaciones que se especifican en los comprobantes fiscales. 6. Reciben ingresos que no tienen proporción a las características de su establecimiento. 7. Tienen cuentas bancarias o de inversiones que se encuentran activas durante un período determinado y después son canceladas o las dejan con saldos ínfimos después de haber manejado cantidades elevadas. 8. Tienen sus establecimientos en domicilios que no corresponden al manifestado ante el registro federal de contribuyentes. 9. Sus sociedades se encuentran activas durante un período y luego se vuelven no localizables. 10. Sus ingresos en el ejercicio de que se trate son casi idénticos a sus deducciones o bien, éstas son mayores por escaso margen. 11. Prestan servicios y a la vez reciben servicios por casi exactamente los mismos montos. 12. Comparten domicilios con otros contribuyentes también prestadores de servicios.

El fenómeno antes señalado, para la autoridad administrativa que propone la adición de un nuevo artículo al CFF, es grave y sólo por citar un ejemplo, derivado del análisis de la Declaración Informativa de Operaciones con Terceros de los ejercicios 2008 a 2012, se han identificado al menos 316 facturadores que realizaron operaciones por $105,369 millones de pesos con más de 12 mil contribuyentes que utilizan indebidamente estas facturas que amparan operaciones simuladas y sólo por lo que se refiere al impuesto al valor agregado.

Aquí es importante detenernos un poco, para poner a consideración del lector una cifra actualizada al mes de abril del año 2023, donde de acuerdo a la estadística proporcionada en el portal electrónico efos.mx, a la fecha existen identificados solamente a 139 emisores de comprobantes fiscales con operaciones presuntamente inexistentes, quienes podrían más tarde a pasar a la lista de emisores definitivos, lista que asciende a la fecha a 10,884 contribuyentes, pudiendo identificar que solamente han podido desvirtuar la presunción 331 contribuyentes, mientras que 1,319 contribuyentes han impugnado la determinación de ser emisores de este tipo de comprobantes y han obtenido una resolución jurisdiccional favorable; la cuestión en este último sentido, es que no necesariamente se puede hablar de contribuyentes "inocentes"; sino que por algún error procedimental o ante la ausencia de fundamentación y motivación de las determinaciones legales, han logrado la nulidad de dicha determinación de ser emisores definitivos. Es importante no dejar de observar la cantidad total de contribuyentes que en algún momento fueron publicados como emisores presuntos, que asciende a 12,595 contribuyentes; los que han sido considerados como emisores definitivos que son de 12,058 contribuyentes, cifras que varían con las primeras, ya que algunos pudieron haber cambiado su estatus. Tocante a los contribuyentes que le han dado efectos fiscales a dichos comprobantes fiscales, a quienes podemos identificar como receptores de estos, no se cuenta con información completa, ya que solo se captan los nombres que se pueden procesar de los oficios particulares que han sido notificados por la autoridad administrativa vía estrados de abril de 2016 a la fecha, teniendo un registro total de 170,040 contribuyentes y por ende la afectación patrimonial a la hacienda pública federal, es de cerca de $561,618´138,973.47; se reitera que dicha cifra se obtiene de lo que se conoce por los estrados del SAT, pero se estima que el monto es cuando menos tres veces más, esto podría llegar a una cifra de 1 billón 684 mil 854 millones 416 mil 920 pesos con 41 centavos ; todo lo anterior, corroborado por el propietario de dicho portal electrónico, pionero en México en ir armando esta base de datos al servicio del contribuyente, el M.I. Marco Antonio Mendoza Soto.

Prosigue en el texto de la exposición de motivos la aclaración de que en estas estrategias irregulares no sólo actúan de mala fe quienes expiden y ofertan facturas por bienes o servicios inexistentes, sino que también lo hacen aquellos contribuyentes que pagan un precio o “comisión” por una factura que, reuniendo todos los requisitos formales, ampara un servicio que no se prestó o un bien que no se adquirió con la única finalidad de erosionar o suprimir la carga tributaria.

De pronto llegamos en la lectura a un aspecto no definido por la legislación, ¿Qué es una factura? El Tercer Tribunal Colegiado en materia civil del Tercer Circuito (Jalisco) fijó una jurisprudencia que está vigente a partir del martes 2 de mayo del año 2023, llamando la atención que en ella, de manera indiscriminada se haga uso de la palabra “facturas electrónicas”, “facturas digitales” y “facturas”, considerando que tales documentos *-indefinidos jurídicamente-* tienen su sustento en los artículo 29 y 29-A del CFF, donde se consignan y definen los requisitos de lo que es un “comprobante fiscal digital por internet” (CFDI).

El órgano jurisdiccional considera que las “facturas digitales” tienen valor probatorio especial en un juicio mercantil, por su uso constante en materia comercial, al ser empleadas como comprobantes de compraventa o de prestación de servicios y al contener insertos los requisitos de forma y de fondo que se establecen en los artículos 29 y 29-A del CFF, generando convicción para acreditar tanto la relación comercial como la prestación del servicio, en atención a las circunstancias o características de su contenido y del adquirente ante quien se hacen valer.

La cuestión es que tales conceptos no se encuentran previamente definidos en la legislación aplicable y supletoria, tampoco en la jurisprudencia, ni en tesis aisladas del Poder Judicial de la Federación; es hasta el año de 2011 que de alguna manera, la Primera Sala de la Suprema Corte de Justicia de la Nación, emite una definición de "factura", considerándola como un documento privado que se emplea como comprobante fiscal, de compraventa o prestación de servicios, y permite acreditar la relación comercial e intercambio de bienes en atención a las circunstancias o características de su contenido y del sujeto a quien se le hace valer; sin embargo en dicha data lo que existía en el CFF eran los llamados "comprobantes fiscales digitales" (CFD).

El vigente Código de Comercio de 1889 alude a las facturas como medio fundatorio de un juicio ejecutivo, pero no define lo que es una factura; la Ley General de Títulos y Operaciones de Crédito de 1932, alude a la palabra "facturas" sin previamente definirla; precisa que cualquier derecho de crédito denominado en moneda nacional o extranjera documentado en "facturas"podrán ser objeto del contrato de factoraje; mientras que el Código Federal de Procedimientos Civiles (1943) de aplicación supletoria a la materia fiscal, al regular el remate de bienes muebles, obliga al corredor o casa de comercio efectuada la venta, a entregar los bienes al comprador, otorgándose la "factura" correspondiente, que firmará el ejecutado o el tribunal, en su rebeldía.

Vemos que, durante muchos años, se violentaron los principios de exacta aplicación de la ley (taxatividad) y de legalidad en perjuicio de los contribuyentes mexicanos, al momento de determinarles su situación fiscal, después de haber ejercido sus facultades de comprobación, para verificar el correcto cumplimiento de sus obligaciones fiscales.

Retomando el estudio de la exposición de motivos de 2013, el Poder Ejecutivo de la Federación precisa, que es por todo lo anterior que se propone la adición del artículo 69-B mediante un procedimiento dirigido a sancionar y neutralizar este esquema;

la propuesta centra atención en los contribuyentes que realizan fraudes tributarios —y no una elusión legal de la norma— a través del tráfico de comprobantes fiscales, esto es a quienes los adquieren, venden o colocan y quienes de alguna manera se benefician de este tipo de actividad ilegal que tanto perjudica al fisco federal.

Conforme a la propuesta, la autoridad fiscal procedería a notificar en el buzón tributario del emisor de facturas, y a través de la página de Internet del SAT, así como mediante publicación el Diario Oficial de la Federación a las empresas o sociedades que presenten el padrón de comportamiento arriba indicado, otorgándoles la garantía de audiencia para que manifiesten lo que a su derecho convenga. Hecho lo anterior, procedería la publicación de una la lista, cuyo efecto sería la presunción de que las operaciones amparadas por los comprobantes fiscales por ellos emitidos nunca existieron y, por tanto, tales comprobantes no deben producir efecto fiscal alguno.

Acto seguido, se abre una ventana para que los contribuyentes que hayan utilizado en su beneficio los comprobantes fiscales puedan proceder a autocorregirse o, en su caso, acreditar que la prestación del servicio o la adquisición de bienes en realidad aconteció, destruyendo así la presunción de inexistencia.

Ahora bien, si la autoridad fiscal —al ejercer sus facultades de comprobación— acredita que un contribuyente persistió en la utilización de comprobantes que simulan actos u operaciones, entonces procederá a recalcular el pago de contribuciones, sin tomar en cuenta dichos comprobantes y, en su caso, a liquidar las diferencias que procedan. Desde luego, igualmente procedería por la vía penal correspondiente en virtud de la simulación que las conductas actualizan.

Es de vital relevancia tener en mente que esta propuesta no está enderezada contra los contribuyentes honestos y cumplidos; ni siquiera versa sobre la elusión legal que permite a los ciudadanos elegir, por economía de opción, el régimen fiscal más benigno. Por el contrario, estamos en presencia de una práctica totalmente defraudadora y carente de la más elemental ética ciudadana por todas las partes que intervienen en ella.

Concluye la exposición de motivos en la parte que interesa sobre la adición de este nuevo artículo que daría mucho de que hablar, que mantener impune esta práctica se traduce no sólo en un grave daño a las finanzas públicas y una afrenta a quienes sí cumplen con su deber constitucional de contribuir al gasto público, sino también consentir en un desafío al Estado y acrecentar la falta de cultura de la legalidad en nuestro país.

En este sentido, de la exposición de motivos que dio origen al artículo 69-B del CFF se advierte que el objetivo de la adición de esta disposición, ante un entorno altamente riesgoso y propenso para la comisión de ilícitos fiscales, es generar instrumentos que permitan desincentivar tales prácticas, permitiendo: neutralizar el esquema de adquisición o tráfico de comprobantes fiscales centrando la atención en los contribuyentes que realizan fraude tributario a través de dicha actividad; y, evitar un daño a la colectividad, garantizando su derecho a estar informada sobre la situación fiscal de los contribuyentes que realizan este tipo de operaciones, a fin de que aquéllos que hayan utilizado en su beneficio los comprobantes fiscales traficados puedan autocorregirse o, en su caso, acreditar que la prestación del servicio o la adquisición de bienes en realidad aconteció, para que puedan surtir efectos fiscales dichos comprobantes.

Así, se observa que lo que se pretende es neutralizar el esquema de adquisición o tráfico de comprobantes fiscales, centrando la atención en los contribuyentes que realizan fraude tributario a través de dicha actividad, por lo que, si se expiden comprobantes que amparan operaciones inexistentes, es lógico que ello dará lugar a determinación de créditos fiscales, pues las operaciones amparadas son inexistentes

Lo cierto es que la política criminal que empezaria a rendir frutos posterior a la aprobación, al final se utilizó como un mecanismo meramente recaudatorio.

EXPOSICIÓN DE MOTIVOS DEL 10 DE ABRIL DEL AÑO 2018

Con fundamento en lo dispuesto por el artículo 71, fracción 11 de la Constitución Política de los Estados Unidos Mexicanos, un grupo de legisladores de oposición, someten a la consideración de la H. Cámara de Diputados del Congreso General, someten a su consideración como cámara de origen, la iniciativa con Proyecto de Decreto por el que se reforma el artículo 69-8 del CFF.

La exposición de motivos en principio describe el origen de dicho numeral, precisando que el 9 de diciembre de 2013 se publicó en el Diario Oficial de la Federación (DOF) el Decreto por el que se reforman, adicionan y derogan diversas disposiciones del CFF, mediante el cual se adicionó el procedimiento establecido en el artículo 69-8 del CFF, con la finalidad de investigar, neutralizar y sancionar esquemas que tienen como único fin erosionar la base gravable, mediante el uso de comprobantes fiscales que amparan operaciones sospechosas, irregulares e incluso inexistentes.

Siguen diciendo que los resultados obtenidos por las autoridades tributarias indican que han disminuido (aparentemente) las malas prácticas por parte de los contribuyentes, y que si bien, se ha ido cumpliendo el objetivo para el cual fue diseñado, es necesario revestir la medida con mayor certeza jurídica; en ese sentido, se considera que lo establecido en el artículo 69-8 del CFF, es un mecanismo eficaz para el Estado Mexicano, en la medida de que constituye un procedimiento que coadyuva con las autoridades fiscales a tener un mayor control sobre las operaciones en que se sustentan los comprobantes fiscales de los contribuyentes.

Que si bien dicho procedimiento ha sido eficaz y relevante en el combate e inhibición de esquemas indebidos de deducciones y acreditamiento de impuestos, también es cierto que ha sido objeto de diversas interpretaciones por parte de los contribuyentes con la finalidad de no ubicarse en los supuestos que prevé o bien, alegar que el procedimiento no se encuentra apegado a derecho, cuestionando primordialmente la falta de un plazo cierto y, en consecuencia, sustraerse del cumplimiento de sus obligaciones fiscales.

Por lo anterior, para los legisladores que proponen dicha reforma, resulta necesario dar mayor claridad al procedimiento, haciendo una reestructura integral al texto de la ley, incorporando la facultad de la autoridad de poder requerir información adicional al contribuyente, definiendo los plazos para su entrega y para valoración de las pruebas, así como para emitir y notificar la resolución definitiva, y las consecuencias jurídicas en caso de incumplimiento, fortaleciendo la seguridad jurídica del contribuyente y privilegiándola sobre los procedimientos, plazos y formalismos de la relación tributaria.

En esa fecha -10 abril 2018-, el artículo 69-8 del CFF prevé que cuando la autoridad fiscal notifique a los contribuyentes la presunción de inexistencia de operaciones amparadas en comprobantes fiscales emitidos por el mismo sin contar con los activos, personal, infraestructura o capacidad material, directa o indirectamente, para prestar los servicios o producir, comercializar o entregar los bienes que amparan tales comprobantes, o bien, que dichos contribuyentes se encuentren no localizados; estos últimos contarán con un plazo de quince días para que manifiesten lo que a su derecho convenga y aporten la documentación e información que consideren pertinente para desvirtuar los hechos que llevaron a la autoridad a notificarlos.

En este sentido, si bien el artículo 69-8 del CFF, reconoce y respeta el derecho de audiencia, se propone otorgar a los contribuyentes la posibilidad de solicitar una prórroga de cinco días a la autoridad fiscal para aportar la documentación e información que consideren necesaria, lo cual permite a los contribuyentes que cuenten con mayor tiempo para ejercer de manera más efectiva su derecho de audiencia.

Por otra parte, se propone establecer la facultad de la autoridad fiscal para requerir mayor información y documentación al contribuyente durante el procedimiento y se le otorga al contribuyente un plazo de diez días para atender dicho requerimiento. Lo anterior permitirá a la autoridad fiscal allegarse de la documentación e información que estime necesaria para emitir una resolución exhaustiva y apegada a la realidad de los hechos, salvaguardando los derechos fundamentales de audiencia, legalidad y seguridad jurídica de los contribuyentes.

Sigue diciendo la exposición de motivos, que, considerando que dentro de los ajustes que se proponen en la iniciativa al procedimiento previsto en el artículo 69-8 del CFF, se encuentran otorgar una prórroga al contribuyente, así como la posibilidad de requerirle mayor información y documentación, resulta necesario ampliar y consolidar el plazo que tiene la autoridad para valorar las pruebas aportadas por el contribuyente y notificar la resolución correspondiente.

Por lo anterior, se propone establecer de manera expresa un plazo cierto y suficiente de cincuenta días para que la autoridad valore la información y documentación que aporten los contribuyentes, emita y notifique la resolución al particular, lo que redundará en seguridad jurídica para el contribuyente, al establecerse un plazo cierto y suficiente que permita a la autoridad emitir su resolución de manera exhaustiva y apegada a derecho.

El referido plazo de cincuenta días encuentra justificación, en principio, en que la autoridad fiscal debe llevar a cabo las notificaciones derivadas de este procedimiento a través de buzón tributario, y esta vía requiere de por lo menos cinco días para su implementación, pues conforme a lo señalado en el artículo 134 del Código Fiscal de la Federación, previo a realizar la notificación se debe enviar un aviso al contribuyente, lo que puede llevar hasta un día; después de ello, el contribuyente tiene tres días para abrir el documento digital que se le envió a su buzón tributario y darse por notificado, con lo que el plazo hasta este punto requiere de 4 días, y si el contribuyente no se notifica dentro de este plazo, la notificación se tiene por hecha hasta el cuarto día posterior a aquél en que le fue enviado el referido aviso; supuesto en el que a partir del aviso hasta su notificación la autoridad invirtió un plazo de cinco días, que deberán descontarse de cualquier plazo que se le otorgue a la autoridad para realizar una acción que deba notificarse al contribuyente.

Por otra parte, la autoridad fiscal tiene la obligación de analizar y valorar adecuada y suficientemente las pruebas y argumentos presentados por los contribuyentes para acreditar la realización de la actividad amparada en los comprobantes fiscales materia del procedimiento, lo cual requiere de un plazo razonable, a fin de que la resolución que se emita se encuentre debidamente fundada y motivada.

Como se ha expuesto en la presente iniciativa, la redacción actual del artículo en comento ha generado interpretaciones incorrectas de las formalidades del procedimiento, lo que motivó que los contribuyentes interpusieran medios de defensa ante los diversos órganos jurisdiccionales, con la finalidad de obtener seguridad y certeza jurídica en relación con el procedimiento previsto en el referido artículo 69-B del Código Fiscal de la Federación.

Por lo anterior, señala la iniciativa, la modificación que se propone al plazo que tiene la autoridad para valorar las pruebas y emitir y notificar la resolución respectiva, atiende a la necesidad de otorgar mayor certeza al contribuyente sujeto a dicho procedimiento y mantener el respeto a sus derechos fundamentales de legalidad y seguridad jurídica, es decir, que la norma sea clara y precisa para los contribuyentes, con la finalidad de que no se requiera la interpretación de un órgano jurisdiccional.

Así, no obstante que la referida atribución se encuentra subsumida en el plazo de caducidad de las facultades de la autoridad, el establecimiento de un plazo único consolidado para que la autoridad fiscal valore la documentación e información aportada por el contribuyente, emita y notifique la resolución que ponga fin al procedimiento previsto en el artículo 69-8 del CFF, en un plazo de cincuenta días, no solo acota la actuación de la autoridad fiscal, sino también garantiza el respeto al derecho fundamental de seguridad jurídica, al otorgarle certeza al contribuyente para conocer en qué tiempo la autoridad fiscal resolverá el procedimiento de presunción de operaciones sospechosas, irregulares e incluso inexistentes.

Por otra parte, para dotar de mayor certeza y seguridad jurídica a los contribuyentes, así como para dar mayor transparencia y publicidad en los procedimientos incoados a empresas que presuntamente facturan operaciones simuladas, y a efecto de restablecer los derechos de éstos, se considera necesario establecer la obligación para que la autoridad fiscal publique trimestralmente en el DOF y en la página de Internet del SAT, un listado de aquellos contribuyentes que lograron desvirtuar los hechos que se les imputaron o que mediante resolución o sentencia firmes, emitida por autoridad competente, se haya dejado sin efectos la resolución que dio fin al procedimiento previsto en el artículo 69-8 del CFF.

Con la reforma, exponen los legisladores, que se propone buscar coadyuvar en el combate a la evasión y elusión fiscales, dotando a la autoridad de mejores herramientas sin menoscabo de la salvaguarda de los derechos del contribuyente y, conforme a las experiencias obtenidas, fortalecer la seguridad jurídica de la que se debe dotar al contribuyente en todo procedimiento.

Hasta aquí lo referente a la exposición de motivos de la segunda reforma al articulo 69-B del CFF, para el lector resultará de sumo interés, conocer la discusión legislativa en ambas cámaras, por tal razón me permito compartir el link[2] para su respectiva consulta.

En fecha 24 de abril del año 2018 se publica en la Gaceta Parlamentaria de la Cámara de Diputados, el Dictámen para

---

2 https://www.diputados.gob.mx/sedia/biblio/prog_leg/Prog_leg_LXIII/280_DOF_25jun18.pdf

declaratoria de publicidad de la Comisión de Hacienda y Crédito Público (Comisión), con proyecto de decreto, por el que se reforma el artículo 69 del CFF[3], de donde resaltan las consideraciones de dicha Comisión:

> "Los legisladores que integramos esta Comisión coincidimos con la inciativa propuesta que tiene por objeto reformar el artículo 69-B del Código Fiscal de la Federación a fin de revestir la medidacon mayor certeza jurídica toda vez que constituye un procedimiento que coadyuva con las autoridades fiscales a tener un mayor control sobre las operaciones en que se sustentan los comprobantes fiscales de los contribuyentes así como al combate a la evasión y elusión fiscales.
>
> Esta Comisión Legislativa coincide con la necesidad de llevar a cabo una reestructura integral al texto del mencionado artículo 69-B, incorporando la facultad de la autoridad de poder requerir información adicional al contribuyente, definiendo los plazos para su entrega y para valoración de las pruebas, así como para emitir y notificar la resolución definitiva, y las consecuencias jurídicas en caso de incumplimiento, fortaleciendo la seguridad jurídica del contribuyente y privilegiándola sobre los procedimientos, plazos y formalismos de la relación tributaria, evitando con ello interpretaciones incorrectas de las formalidades del procedimiento.
>
> En este sentido, si bien el artículo 69-B del Código Fiscal de la Federación, reconoce y respeta el derecho de audiencia, la que dictamina coincide con la propuesta de otorgar a los contribuyentesla posibilidad de solicitar una prórroga de cinco días a la autoridad fiscal para aportar la documentación e información que consideren necesaria para desvirtuar los hechos que llevaron a la autoridad a notificarlos, lo cual les permitirá contar con mayor tiempo para ejercer de manera efectiva su derecho de audiencia.

---

3 http://gaceta.diputados.gob.mx/PDF/63/2018/abr/20180424-III.pdf?fbclid=IwAR3UPWCu63ec_vbxZ8fgM77wEGK2_CBKtZpY7s-1Mv8Mxkfeikpy5VNu8j0k

Por otra parte, la Comisión que suscribe coincide con la propuesta de establecer la facultad de la autoridad fiscal para requerir mayor información y documentación al contribuyente durante el procedimiento, y otorgarle un plazo de diez días para atender dicho requerimiento a fin de permitir a la autoridad fiscal allegarse de la documentación e información que estime necesaria para emitir una resolución exhaustiva y apegada a la realidad de los hechos, salvaguardando los derechos fundamentales de audiencia, legalidad y seguridad jurídica de los contribuyentes.

Esta Comisión Dictaminadora considera apropiado ampliar y consolidar el plazo que tiene la autoridad para valorar las pruebas aportadas por el contribuyente y notificar la resolución correspondiente. Por lo que coincide con la propuesta de establecer de manera expresa un plazo cierto y suficiente de cincuenta días para que la autoridad valore la información y documentación que aporten los contribuyentes, y emita y notifique la resolución al particular, lo que redundará en seguridad jurídica para el contribuyente y acotará la actuación de la autoridad fiscal.

Por otra parte, para dotar de mayor certeza y seguridad jurídica a los contribuyentes, así como para dar mayor transparencia y publicidad en los procedimientos incoados a empresas que presuntamente facturan operaciones simuladas, y a efecto de restablecer los derechos de éstos, la que Dictamina coincide con la propuesta de establecer la obligación para que la autoridad fiscal publique trimestralmente en el Diario Oficial de la Federación y en la página de Internet del Servicio de Administración Tributaria, un listado de aquellos contribuyentes que lograron desvirtuar los hechos que se les imputaron o que mediante resolución o sentencia firmes, emitida por autoridad competente, se haya dejado sin efectos la resolución que dio fin al procedimiento previsto en el artículo 69-B del Código Fiscal de la Federación.

Por lo anteriormente expuesto y fundado, los miembros de la Comisión de Hacienda y Crédito Público de la Cámara de Diputados de la LXIII Legislatura del Honorable Congreso de la Unión, que suscriben, se permiten someter a la consideración de esta Honorable Asamblea, la aprobación del siguiente proyecto de: DECRETO POR EL QUE SE REFORMA EL ARTÍCULO 69-B DEL CÓDIGO FISCAL DE LA FEDERACIÓN (...)".

EXPOSICIÓN DE MOTIVOS DEL 8 DE SEPTIEMBRE DEL AÑO 2021

La propuesta de reforma mediante la cual se adiciona un último párrafo al artículo 69-B del CFF se contiene en la iniciativa de ley[4] presentada por el titular del Poder Ejecutivo Federal, mediante la cual se reforma, adiciona y deroga diversas disposiciones de la Ley del Impuesto sobre la Renta, de la Ley del Impuesto al Valor Agregado, de la Ley del Impuesto sobre Producción y Servicios, de la Ley Federal del Impuesto sobre Automóviles Nuevos, del CFF y otros ordenamientos.

En el apartado relativo al CFF, la propuesta de adición se encuentra bajo el rubro "41. Actualización al procedimiento contra Empresas que Facturan Operaciones Simuladas y Empresas que Deducen Operaciones Simuladas", que indica que existen contribuyentes incumplidos en sus obligaciones fiscales, que se encuentran impedidos legalmente para emitir CFDI y que abusan de la existencia de figuras jurídicas legales que, tergiversando la naturaleza de las mismas, les permiten amparar con comprobantes fiscales emitidos por otro contribuyente, las operaciones que realicen, sin haber subsanado las irregularidades detectadas por las autoridades fiscales, en términos de los artículos 17-H y 17-H-Bis del Código Fiscal de la Federación.

Por lo anterior, reza el documento, se considera necesario establecer medidas y prever consecuencias fiscales que eviten que los contribuyentes a quienes se restrinja o se les deje sin efectos el uso de CSD, evadan dichas medidas y continúen realizando los actos a que se refiere el "párrafo anterior", considerando tales operaciones como inexistentes.

Adicionalmente, resulta necesario inhibir la celebración de actos, adquisición de bienes o prestación de servicios, que se lle-

---

4 http://gaceta.diputados.gob.mx/PDF/65/2021/sep/20210908-D.pdf

ven a cabo mediante el uso de los medios de los que primigeniamente se valía el contribuyente que no ha subsanado las irregularidades detectadas por las autoridades fiscales, en términos de los artículos 17-H y 17-H-Bis del Código Fiscal de la Federación y que sean soportados por comprobantes fiscales emitidos a través de otro contribuyente con el único fin de evadir los efectos de las medidas de los numerales antes referidos. Para los efectos anteriores, se plantea a esa Asamblea adicionar un décimo párrafo al artículo 69-B del CFF.

Lo anterior permitió entonces la adición del último párrafo actual del artículo 69-B del CFF, bajo una serie de reformas y adiciones a diversos artículos del mismo ordenamiento fiscal en materia de sanciones para contribuyentes vinculados con otros contribuyentes que se encuentren en alguno de los supuestos de dicho numeral.

Iniciativas de ley no aprobadas a la fecha

7 FEBRERO 2017

El 7 de febrero del año 2017, se presenta la iniciativa[5] con proyecto de decreto por el que se pretende reformar el artículo 69-B del Código Fiscal de la Federación (CFF) suscrita por el diputado José Luis Orozco Sánchez Aldana integrante del Grupo Parlamentario del Partido Revolucionario Institucional de la LXIII Legislatura de la Cámara de Diputados del Honorable Congreso de la Unión, con fundamento en lo dispuesto en el artículo 71, fracción II, y 72 de la Constitución Política de los Estados Unidos Mexicanos, y en los artículos 6, numeral 1, 77 y 78 del Reglamento de la Cámara de Diputados, al tenor de la siguiente:

> Exposición de Motivos. Mediante decreto publicado en el Diario Oficial de la Federación el 9 de diciembre de 2013, se introdujo una serie de importantes modificaciones al CFF, entre las cuales destaca la adición de un articulo 69-B, que faculta a las autoridades fiscales a declarar, con efectos generales y exclusivamente para efectos tributarios, la inexistencia de las operaciones celebradas por los particulares que han expedido comprobantes fiscales sin contar con la capacidad humana, técnica o material para realizar los actos reflejados en dichos documentos.

Según la exposición de motivos de la iniciativa que dio origen a esta importante modificación, la finalidad de este mecanismo ha sido la de combatir el tráfico de comprobantes fiscales apócrifos como estrategia para evadir artificiosamente el pago de

---

5 http://sil.gobernacion.gob.mx/Archivos/Documentos/2017/04/asun_3534147_20170427_1486499786.pdf

contribuciones. Como se sabe, esta práctica ilegal supone la colocación de comprobantes fiscales que amparan la realización de operaciones inexistentes, o que, habiéndose llevado a cabo, carecen de sustancia o la poca que pudieran tener no guarda proporción con las cantidades supuestamente erogadas, de modo que al emplear los comprobantes respectivos como soporte de una deducción o de un acreditamiento, el particular reduce su carga al erosionar la base del tributo, o incluso se beneficia con la generación de saldos a favor.

Pues bien, con el propósito de hacer frente a esta grave problemática, el Congreso de la Unión introdujo un procedimiento especial que actualmente, se desarrolla en los siguientes términos:

… *-Se transcribe el artículo 69-B del CFF entonces vigente-* …

De conformidad con esta norma, las autoridades hacendarias poseen la facultad de declarar la inexistencia de las operaciones realizadas por los contribuyentes que han expedido comprobantes fiscales sin contar con los activos, la infraestructura, el personal o la capacidad material, para prestar los servicios o producir, comercializar o entregar los bienes amparados en dichos comprobantes.

Con ese objeto, y en aras de salvaguardar el derecho de audiencia de los contribuyentes que pudieran verse afectados con esa medida, se estableció un mecanismo especial que condiciona esta declaración de inexistencia el hecho de que no se logre demostrar que efectivamente se llevaron a cabo las operaciones cuestionadas.

En realidad, se trata de un procedimiento que comprende dos fases o etapas sucesivas, la primera dirigida a los causantes que emitieron comprobantes sin contar con la capacidad para prestar los servicios o para entregar los bienes de que se trate, o bien, que se encuentran no localizados (párrafo primero, segundo, tercero y cuarto) y la segunda, a aquellas personas que hubieran dado algún efecto fiscal a dichos comprobantes (párrafo quinto y sexto).

En el primer caso, se estipula que la autoridad, habiendo advertido que un contribuyente ha estado emitiendo comprobantes fiscales sin contar con los activos, personal, infraestructura o capacidad material para realizar las operaciones consignadas en los comprobantes, o que no es localizado, presumirá la inexistencia de las operaciones respectivas, y se procederá del modo siguiente:

a) Se notificará al contribuyente a través del buzón tributario y mediante publicación en la página de internet del Servicio de Administración Tributaria y el Diario Oficial de la Federación; b) A partir de la última publicación, el afectado contará con un plazo de cinco días para desvirtuar la presunción que se le imputa; c) Transcurrido ese plazo, la autoridad fiscal tendrá el mismo plazo de cinco días para valorar las pruebas que se hubieran ofrecido, notificando su resolución a través del buzón tributario; d) En el caso de que no se logre desvirtuar la presunción, el particular será incluido en un listado en el cual se darán a conocer los contribuyentes que se encuentran definitivamente en la situación de inexistencia, y que deberán publicarse tanto en la página de internet del Servicio de Administración Tributaria como en el Diario Oficial de la Federación, y a partir de ese momento, se considerará que los actos amparados en los comprobantes cuestionados no producen efectos fiscales.

Por lo que respecta a la segunda fase, se establece que, a partir de la citada publicación, las personas que hubieran dado algún efecto a los comprobantes respectivos (esto es, los contribuyentes que adquirieron bienes o servicios de cualquiera de los sujetos incluidos en el listado), dispondrán de un plazo de treinta días para acreditar a la autoridad fiscal que efectivamente recibieron los bienes amparados en los comprobantes, o para corregir su situación fiscal a través de las declaraciones complementarias que correspondan.

La consecuencia de no acreditar la realización de los actos u operaciones cuestionados, o de no optar por la autocorrección dentro del plazo legal, será que las operaciones se considerarán como actos simulados, por lo que no sólo podrán liquidarse los adeudos que resulten procedentes, sino que, además, podrá darse vista al Ministerio Publico, toda vez que la simulación de actos para evadir el pago de contribuciones implica una conducta delictiva.

Lo cierto es que esta segunda fase del procedimiento representa una clara transgresión al principio de seguridad jurídica que tutelan los artículos 1, 14 y 16 de nuestra Constitución Política, pues como se ha visto, dicha porción normativa se limita a establecer que los terceros que hubieran dado algún efecto a los comprobantes emitidos a su favor, disponen de un plazo de treinta días para acreditar que efectivamente recibieron los bienes o servicios respectivos, y sin embargo, no prevé las condiciones mínimas para cumplir con esa carga, teniendo en cuenta lo siguiente:

- No establece si, una vez aportadas las pruebas dentro del plazo legal de treinta días, la autoridad hacendaria podrá emitir uno o varios requerimientos adicionales, y en su caso, en qué plazos podrá hacerlo.
- Asimismo, no indica un plazo máximo para que la autoridad fiscal emita una resolución definitiva, como sí ocurre-por cierto- con el procedimiento que se entiende con el emisor de los comprobantes cuestionados.

En efecto, aun cuando esta norma impone una obligación a cargo de los contribuyentes, no prevé los lineamientos más básicos para su cumplimiento, lo cual propicia que éstos queden al entero arbitrio de las autoridades hacendarias, en detrimento de la certeza jurídica que nuestra Carta Magna exige de cualquier disposición que establezca obligaciones a los gobernados, sobre todo cuando se contemplan sanciones ante su eventual desacato.

Resulta lógico que al no indicar si la autoridad puede requerir datos o documentos adicionales, y en su caso, el número de requerimientos permitidos y los plazos aplicables, se ha dejado un extenso margen a la actuación arbitraria del Fisco Federal, que, ante la falta de límites concretos, podrá decidir unilateralmente si la información aportada ha sido idónea para demostrar la existencia de los actos amparados en los respectivos comprobantes.

Por las mismas razones, es válido afirmar que al no prever un plazo cierto para que la autoridad decida si los medios probatorios aportados demuestran que se recibieron los servicios o los bienes respectivos, el precepto es violatorio del principio de la seguridad jurídica. En efecto, la ausencia de un margen de tiempo dentro del cual podrá definirse la situación legal de los contribuyentes da lugar a que la autoridad fije discrecionalmente la duración del procedimiento, mismo que podrá prolongarse indefinidamente, y mientras tanto, el afectado no tendrá certeza sobre si debe o no dar efectos a los comprobantes que le fueron expedidos por sus proveedores.

Consciente de esta situación, el Servicio de Administración Tributaria, a través de la Regla 1.5 de la Resolución Miscelánea Fiscal para 2016, ha pretendido subsanar los defectos que se observan en el texto legal, instaurando el procedimiento que deberá seguirse a efecto de hacer efectivo el derecho de audiencia de los terceros que se ven afectados con la publicación del listado:

Regla 1.5. Para los efectos del artículo 69-B, penúltimo párrafo del CFF, las personas físicas y morales que hayan dado cualquier efecto fiscal a los CFDI expedidos por los contribuyentes incluidos en el listado definitivo a que se refiere el tercer párrafo del referido artículo, podrán acreditar que efectivamente adquirieron los bienes o recibieron los servicios que amparan dichos comprobantes, o bien, corregir su situación fiscal dentro del plazo de treinta días siguientes al de la publicación del listado en el DOF y en el Portal del SAT, ello conforme a la ficha de trámite 157/CFF "Informe y documentación que deberán presentar los contribuyentes a que se refiere la regla 1.5. para acreditar que efectivamente recibieron los servicios o adquirieron los bienes que amparan los comprobantes fiscales que les expidieron o que corrigieron su situación fiscal", contenida en el Anexo 1-A. La autoridad podrá requerir información o documentación adicional, a efecto de resolver lo que en derecho proceda.

El contribuyente contará con un plazo de diez días contados a partir del día hábil siguiente a aquél en que haya surtido efectos la notificación del requerimiento, para proporcionar la información y documentación solicitada, dicho plazo se podrá ampliar por diez días más, siempre que el contribuyente presente su solicitud dentro del plazo inicial de diez días. Transcurrido el plazo a que se refiere el párrafo anterior, en caso de que el contribuyente no proporcione la información y documentación requerida, o bien se proporcione incompleta, la autoridad valorará su situación únicamente con las pruebas aportadas y resolverá lo que en derecho proceda.

El plazo máximo con el que contará la autoridad para resolver si el contribuyente acreditó que efectivamente adquirió los bienes o recibió los servicios que amparan dichos comprobantes, será de treinta días contados a partir del día en que presente su solicitud de aclaración, o bien, de que se tenga por cumplido el requerimiento de información.

Como se puede apreciar con todo lo anterior y, no obstante, de la actual redacción del artículo 69-B del CFF; se considera necesario incorporar una reforma para reglamentar con claridad y certeza tanto jurídica como operativa, este procedimiento y hacer efectivo el derecho de audiencia de los contribuyentes.

Esta soberanía, está obligada a coadyuvar y garantizar los derechos jurídicos y legales de la población en general.

Y en ello, la certeza que se puede brindar a los terceros que han dado efectos fiscales a los comprobantes emitidos por los contribuyentes que han sido incluidos en el listado definitivo al que alude el propio precepto, es una condicionante que no podemos omitir. Por todo ello, se somete a la consideración del pleno de esta honorable Cámara de Diputados la siguiente iniciativa con proyecto de Decreto por el que se reforma el artículo 69-B del CFF.

Artículo Único. Se adicionan tres párrafos al artículo 69-B del Código Fiscal de la Federación, para quedar como sigue:

Artículo 69-B. Cuando la autoridad fiscal detecte que un contribuyente ha estado emitiendo comprobantes sin contar con los activos, personal, infraestructura o capacidad material, directa o indirectamente, para prestar los servicios o producir, comercializar o entregar los bienes que amparan tales comprobantes, o bien, que dichos contribuyentes se encuentren no localizados, se presumirá la inexistencia de las operaciones amparadas en tales comprobantes.

En este supuesto, procederá a notificar a los contribuyentes que se encuentren en dicha situación a través de su buzón tributario, de la página de internet del Servicio de Administración Tributaria, así como mediante publicación en el Diario Oficial de la Federación, con el objeto de que aquellos contribuyentes puedan manifestar ante la autoridad fiscal lo que a su derecho convenga y aportar la documentación e información que consideren pertinentes para desvirtuar los hechos que llevaron a la autoridad a notificarlos. Para ello, los contribuyentes interesados contarán con un plazo de quince días contados a partir de la última de las notificaciones que se hayan efectuado.

Transcurrido dicho plazo, la autoridad, en un plazo que no excederá de cinco días, valorará las pruebas y defensas que se hayan hecho valer; notificará su resolución a los contribuyentes respectivos a través del buzón tributario y publicará un listado en el Diario Oficial de la Federación y en la página de internet del Servicio de Administración Tributaria, únicamente de los contribuyentes que no hayan desvirtuado los hechos que se les imputan y, por tanto, se encuentran definitivamente en la situación a que se refiere el primer párrafo de este artículo. En ningún caso se publicará este listado antes de los treinta días posteriores a la notificación de la resolución.

Los efectos de la publicación de este listado serán considerar, con efectos generales, que las operaciones contenidas en los comprobantes fiscales expedidos por el contribuyente en cuestión no producen ni produjeron efecto fiscal alguno.

Las personas físicas o morales que hayan dado cualquier efecto fiscal a los comprobantes fiscales expedidos por un contribuyente incluido en el listado a que se refiere el párrafo tercero de este artículo, contarán con treinta días siguientes al de la citada publicación para acreditar ante la propia autoridad, que efectivamente adquirieron los bienes o recibieron los servicios que amparan los citados comprobantes fiscales, o bien procederán en el mismo plazo a corregir su situación fiscal, mediante la declaración o declaraciones complementarias que correspondan, mismas que deberán presentar en términos de este Código.

> ***Si se opta por acreditar que efectivamente se han adquirido los bienes o se han recibido servicios que amparan los comprobantes fiscales en los términos del párrafo anterior, la autoridad podrá requerir información o documentación adicional a efecto de resolver lo que en derecho proceda. El contribuyente contará con un plazo de diez días contados a partir del día hábil siguiente a aquél en que haya surtido efectos la notificación del requerimiento, para proporcionar la información y documentación solicitada, dicho plazo se podrá ampliar por diez días más, siempre que el contribuyente presente su solicitud dentro del plazo inicial de diez días.***
>
> ***Transcurrido el plazo a que se refiere el párrafo anterior, en caso de que el contribuyente no proporcione la información y documentación requerida, o bien se proporcione incompleta, la autoridad valorará su situación únicamente con las pruebas aportadas y resolverá lo que en derecho proceda.***
>
> ***El plazo máximo con el que contará la autoridad para resolver si el contribuyente acreditó que efectivamente adquirió los bienes o recibió los servicios que amparan dichos comprobantes, será de treinta días contados a partir del día en que presente su solicitud de aclaración, o bien, de que se tenga por cumplido el requerimiento de información.***
>
> *En caso de que la autoridad fiscal, en uso de sus facultades de comprobación, detecte que una persona física o moral no acreditó la efectiva prestación del servicio o adquisición de los bienes, o no corrigió su situación fiscal, en los términos que prevé el párrafo anterior, determinará el o los créditos fiscales que correspondan. Asimismo, las operaciones amparadas en los comprobantes fiscales antes señalados se considerarán como actos o contratos simulados para efecto de los delitos previstos en este Código.*

La propuesta de adicionar los tres párrafos remarcados fue dejada de lado, con la reforma publicada el 25 de junio del año 2018 previamente aprobado por el poder legislativo federal, mediante la cual se reforma por primera ocasión el artículo 69-B del Código Fiscal de la Federación.

18 FEBRERO 2020

El diputado Benjamín Saúl Huerta Corona, en cuanto integrante de la LXIV Legislatura del Congreso de la Unión, del Grupo Parlamentario de Morena, con fundamento en lo dispuesto por los artículos 71, fracción II, y 72 de la Constitución Política de los Estados Unidos Mexicanos y artículos 77 y 78 del Reglamento de la Cámara de Diputados, sometió a consideración de esta soberanía la iniciativa[6] con proyecto de decreto por el que se pretende o pretendía reformar el cuarto párrafo, y adicionar los párrafos quinto y sexto, recorriéndose los subsecuentes del artículo 69-B del CFF, al tenor de las siguientes consideraciones:

> Exposición de Motivos. Para ser un país de bienestar, México necesita fortalecer su brazo recaudador, sin arrojar a los ciudadanos al terrorismo fiscal, de tal suerte que para lograr el ingreso esperado, no se tenga como resultado la actitud contumaz de los contribuyentes, por lo que no sólo se trata de fortalecer a la autoridad hacendaria o fiscalizadora, sino que de igual manera, el Estado debe cumplir con la obligación de proteger a los contribuyentes, para no sobrepasar los límites de los derechos humanos ya reconocidos por el Estado mexicano, de no hacer lo anterior, el Estado caerá´ fácilmente en un ambiente de terrorismo fiscal, provocando el cumplimiento temporal de las obligaciones fiscales por presión, y no así´, por cultura contributiva.

En este sentido, y en virtud de que hay sectores de la sociedad que se hacen conocer como contribuyentes cumplidos, cuando lo cierto es que, simulan operaciones, para efecto de apoyar a otros contribuyentes en su carga fiscal, a cambio de una remuneración; actividad qué como sabemos, les ha sido permitida, por existir lagunas en la legislación, que les hace colocarse en un ambiente de elusión.

---

6 http://sil.gobernacion.gob.mx/Archivos/Documentos/2020/02/asun_4001728_20200218_1582134862.pdf

El Servicio de Administración Tributaria, ha sostenido que se tiene una afectación por 354 mil millones de pesos, derivado de la operación de empresas que facturan operaciones simuladas , las cuales, subsisten por el hecho de generar operaciones sin contar con activos ni personal, sin embargo, estas no son las únicas empresas que afectan el erario federal, también tenemos aquéllas que realizan operaciones reales, pero que utilizan las facturas para efectos de deducción, lo que hace que su operación les genere devolución.

Estas últimas empresas, en ocasiones sí tienen personal e infraestructura, pero sus operaciones son de igual manera simuladas, lo hacen a través de lo establecido en ley, buscando engañar a la autoridad, simulando realizar la operación, pero sin su materialización, colocándose en el supuesto de ley, pero dando lugar a un detrimento notable al erario federal, pues facturan sin materializar el acto en su integridad, lo que sin duda alguna ocasiona que se obtengan beneficios de la facturación para el seudo contribuyente.

Este tipo de contribuyentes, se ve beneficiado a través de la compensación o devolución, sin realmente merecerla, pues su materialización se encuentra cuestionada.

En otros casos, existen contribuyentes que, por cuestiones de disciplina fiscal, o por responsabilidades atribuibles a su contador o representante legal, no presentan sus declaraciones o incumplen con algún tipo de aviso, sin que ello, signifique que el contribuyente simule operaciones, o que en su actuar no materialice debidamente sus actos, es decir, en este caso, estamos ante la presencia de un contribuyente, que si existe y que, no fue creado para simular o beneficiar a otros, sino por el contrario, pero por cuestiones adversas, se aleja del sistema de cumplimiento constante, haciéndolo temporal.

Este tipo de contribuyente es de importancia para el Servicio de Administración Tributaria (SAT), pues a diferencia de los otros, este sí puede regularizarse, autoerigiéndose, y continuar en el sistema cautivo de la autoridad hacendaria, cumpliendo el contenido del numeral 31, fracción IV, de nuestra Constitución Política de los Estado Unidos Mexicanos; los otros, tienen evidente una intención diferente, ya que desde que se crearon, tienen una intención de alevosía y de premeditación, para ocasionar detrimento al Estado, en su entero beneficio económico.

En aras de detectar a las empresas que generan detrimento y afectación a la Hacienda federal, separarlas de aquellas que sí son contribuyentes, es de suma importancia, adecuar el Código Fiscal de la Federación, para asi´, permitir que, quienes, por cuestiones adversas, si están dentro del catálogo de contribuyentes cautivos y tienen intención de continuar ahi´, para con los otros contribuyentes, que no tienen ni infraestructura o que teniéndola, no materializan sus actos con el único propósito de tener un beneficio fiscal, ya se de compensación o de devolución.

Sobre este tipo de simulación, se han creado y modificado diversas disposiciones del Código Fiscal de la Federación, para dotar de mayores facultades al Servicio de Administración Tributaria, como autoridad fiscalizadora y poder detectar quienes son aquellos contribuyentes, que haciéndose llamar como tal, perjudican al Estado mexicano, y quienes son los otros, que, si quieren ser cautivos y cumplir con sus obligaciones fiscales, pues su actividad es de comercio.

Por lo anterior el artículo 69-B del Código Fiscal de la Federación, establece diversos medios para detectar operaciones simuladas, a saber: Que un contribuyente sin contar con los activos, personal, infraestructura o capacidad material, directa o indirectamente, para prestar los servicios o producir, comercializar o entregar los bienes, pretendan amparar sus operaciones con tales comprobantes, o bien, que dichos contribuyentes se encuentren no localizados, lo anterior dara´ lugar a que las autoridades podrán presumir que son inexistentes las operaciones de los contribuyentes, al no contar con activos, personal, infraestructura o capacidad material, directa o indirecta, para prestar los servicios o producir, comercializar o entregar los bienes que amparan dichos comprobantes o contribuyentes que no se encuentren localizados.

Debe destacarse que el mismo establece una presunción, entendida como la consecuencia que la ley deduce de un hecho desconocido, que podrá́ tomar en cuenta la autoridad, para sostener la inexistencia de las operaciones que se avalan con los comprobantes fiscales emitidos, que no es absoluta (*iuris et de iure sino relativa, iuris tantum*) pues admite prueba en contrario, es decir, puede ser destruida por el propio contribuyente –o por la contraparte en la operación de que se trate–, mediante la aportación de pruebas que demuestran lo contrario.

De lo anterior, se advierte que el artículo 69-B del Código Fiscal de la Federación, prevé́ el procedimiento y consecuencia de la presunción, por virtud de la cual, las autoridades pueden considerar salvo prueba en contrario, la inexistencia de operaciones realizadas.

En este orden de ideas, el artículo 69-B del Código Fiscal de la Federación vigente, constituye una valiosa herramienta para lo que hasta aquí hemos esgrimido, pues permite a las autoridades fiscales combatir a los contribuyentes que emiten comprobantes fiscales derivado de operaciones simuladas, quienes se deducen, y quienes se ven beneficiados, por los efectos fiscales de deducción o de acreditamiento.

Aún con las modificaciones, los evasores buscan siempre salida, con estrategias agresivas, esquemas de evasión que hacen necesarios detectar quiénes son los pagadores del impuesto y quiénes son simuladores, esta gran tarea, en ocasiones se dificulta, ya que si bien existe la base de las operaciones a nivel documental y las evidencias de existencia de activos, personal, infraestructura o capacidad material para la prestación de servicios o la enajenación de bienes, tomando en consideración de igual manera la sustancia económica.

En este sentido, el artículo 69-B del Código Fiscal de la Federación, omite dentro de su contenido, establecer los elementos necesarios para que la autoridad pueda tener la certeza de la existencia tanto del contribuyente, como de las operaciones que efectúa, así como los efectos de las mismas.

De igual manera en la práctica, existen actuaciones por parte de las autoridades hacendarias, en los que determina que el contribuyente no se encuentra localizable y por ello, procede a presumir que sus actos son inexistentes, por ser simulados, sin tomar en cuenta, ¿Qué sucede cuando por el actuar indebido de la autoridad, el contribuyente sí está localizable? ¿Qué elementos necesita presentar el contribuyente para acreditar que existe, que sus operaciones son reales, y que se encuentra incorporado al listado de contribuyente cautivo?

En ese orden de ideas, se considera necesario establecer en el Código Fiscal de la Federación un eje de proporcionalidad y vinculación que se relacione los elementos esenciales entre la capacidad económica del contribuyente y la obtención de beneficios, a fin de acreditar la efectiva realización o materialidad de las operaciones fiscales, así como la existencia de la empresa operadora.

Para lograr lo anterior se propone modificar el numeral 69-B del Código Fiscal de la Federación, para ello, se realiza el siguiente cuadro comparativo para mayor entendimiento:

> ... *-Se transcribe en un cuadro el artículo 69-B del CFF vigente y se compara con las adiciones que se proponen para mostrar en letras negritas las adiciones-* ...

Por lo tanto, se estima que con las modificaciones que se establecen el Estado mexicano contará con mayores elementos que permitan una mayor capacidad para detectar a los contribuyentes que simulan operaciones en perjuicio de todos los ciudadanos, lo que permitirá dotar de seguridad y certeza jurídica, respecto de la veracidad de las operaciones que realice cualquier contribuyente, y por otro lado se respetan los derechos del contribuyente al establecer qué elementos de prueba son idóneos para la defensa que, en su caso, pretenda emprender para acreditar su real situación jurídica fiscal.

Fundamento legal. Por las consideraciones expuestas, en mi calidad de diputado del Grupo Parlamentario de Morena en la LXIV Legislatura de la Cámara de Diputados del honorable Congreso de la Unión, con fundamento en los artículos 71, fracción II, de la Constitución Política de los Estados Unidos Mexicanos; y 6o. numeral 1, fracción I; 77 y 78 del Reglamento de la Cámara de Diputados, someto a consideración del pleno de esta soberanía la iniciativa con proyecto de Decreto por el que reforma el cuarto párrafo y se adicionan los párrafos quinto y sexto, recorriéndose los subsecuentes del artículo 69-B del Código Fiscal de la Federación. Artículo Único. Se reforma el cuarto párrafo y se adicionan los párrafos quinto y sexto recorriéndose los subsecuentes del artículo 69-B del Código Fiscal de la Federación para quedar como sigue:

> Artículo 69-B. ...
>
> Del primero al cuarto párrafo... (sic)
>
> Transcurrido el plazo para aportar la documentación e información y, en su caso, el de la prórroga, la autoridad, en un plazo que no excederá de cincuenta días, valorará las pruebas y defensas que se hayan hecho valer y notificará su resolución a los contribuyentes respectivos a través del buzón tributario.
>
> Para desvirtuar la inexistencia de operaciones, el contribuyente podrá presentar ante la autoridad, pruebas como estados de cuenta bancarios, contratos vigentes, negociaciones previas, documentos entregables, reportes periódicos de avances, papeles de trabajo relacionados con gastos de operación, con la integración de bienes muebles, inmuebles e inventario, y con la integración de títulos valor, cartera de créditos y bienes intangibles, elementos que deberán considerarse de manera enunciativa, mas no limitativa.
>
> La autoridad deberá considerar, además, la sustancia económica y la ausencia o razón de negocio como elemento subjetivo.
>
> Dentro de los primeros veinte días de este plazo, la autoridad podrá requerir documentación e información adicional al con-

> tribuyente, misma que deberá proporcionarse dentro del plazo de diez días posteriores al en que surta efectos la notificación del requerimiento por buzón tributario. En este caso, el referido plazo de cincuenta días se suspenderá a partir de que surta efectos la notificación del requerimiento y se reanudará el día siguiente al en que venza el referido plazo de diez días. Asimismo, se publicará un listado en el Diario Oficial de la Federación y en la página de internet del Servicio de Administración Tributaria, de los contribuyentes que no hayan desvirtuado los hechos que se les imputan y, por tanto, se encuentran definitivamente en la situación a que se refiere el primer párrafo de este artículo. En ningún caso se publicará este listado antes de los treinta días posteriores a la notificación de la resolución.
>
> ...
>
> Transitorio. Artículo Único. El presente decreto entrará en vigor el día siguiente al de su publicación en el Diario Oficial de la Federación. Palacio Legislativo de San Lázaro, a 18 de febrero de 2020. Diputado Benjamín Saúl Huerta Corona (rúbrica).

La anterior propuesta legislativa no ha prosperado a la fecha, dentro de la exposición de motivos se plasman una serie de conceptos aún no definidos por el legislador, lo que implica mayor incertidumbre jurídica al contribuyente, bajo un contexto de buena voluntad del legislador; el mismo texto propuesto confunde al señalar que se propone una reforma al cuarto párrafo y la adición de dos párrafos más, sin embargo lo que se hace es diseccionar el mismo cuarto párrafo e insertar dentro del actual texto dos párrafos, pasando la actual parte final a ser un párrafo más lo que resulta de alguna manera confuso tocante a la propuesta misma.

Capítulo I

Primer párrafo:

Artículo 69-B. Cuando la autoridad fiscal detecte que un contribuyente ha estado emitiendo comprobantes sin contar con los activos, personal, infraestructura o capacidad material, directa o indirectamente, para prestar los servicios o producir, comercializar o entregar los bienes que amparan tales comprobantes, o bien, que dichos contribuyentes se encuentren no localizados, se presumirá la inexistencia de las operaciones amparadas en tales comprobantes.

PÁRRAFO	TEXTO ORIGINAL	REFORMA 1	REFORMA 2
I	Cuando la autoridad fiscal detecte que un contribuyente ha estado emitiendo comprobantes sin contar con los activos, personal, infraestructura o capacidad material, directa o indirectamente, para prestar los servicios o producir, comercializar o entregar los bienes que amparan tales comprobantes, o bien, que dichos contribuyentes se encuentren no localizados, se presumirá la inexistencia de las operaciones amparadas en tales comprobantes.		

La Segunda Sala de la Suprema Corte de Justicia, al estudiar la contradicción de tesis 472/2019, determinó que el párrafo primero del artículo 69-B del Código Fiscal de la Federación (CFF) establece a favor de la autoridad administrativa una presunción que le permite advertir la inexistencia de operaciones cuando: (a) advierta que los emisores de los comprobantes fiscales no cuenten con los activos, personal, infraestructura o capacidad material, directa o indirectamente para prestar los servicios o producir, comercializar o entregar los bienes que amparan tales comprobantes; o bien, (b) que dichos contribuyentes se encuentren no localizados.

A partir del año 2014, la autoridad administrativa empieza a consolidar una base de datos de contribuyentes con información más precisa, todo derivado del aspecto electrónico en materia de comprobantes fiscales, catálogos de operaciones y declaraciones informativas, lo que da como resultado de hacer búsquedas específicas o por rangos o apartados de información, el detectar a contribuyentes que no cuentan con activos, personal, infraestructura o capacidad material, directa o indirectamente, para prestar los servicios o producir, comercializar o entregar los bienes que amparan los comprobantes emitidos, así como detectar si el contribuyente esta como no localizado, para en el caso de estar en alguno de dichos supuestos, presumir que las operaciones consignadas en los comprobantes fiscales digitales por internet (CFDIS) emitidos, son inexistentes.

Con la descripción anterior, los operadores de CFDIS empiezan a perfeccionar sus operaciones fraudulentas, pretendiendo engañar al sistema electrónico, al asentar en sus declaraciones información en los rubros de activos, sueldos y salarios, deudores y acreedores diversos, retenciones de contribuciones, cuentas de orden, etc., para evitar ser detectados como presuntos emisores de comprobantes fiscales con operaciones inexistentes y con ello burlar el esquema de búsqueda o de programación por parte de la autoridad administrativa, ya que ahora los comprobantes fiscales no podrían identificarse ya como falsos o apócrifos, en virtud de que es la misma autoridad administrativa quién los valida.

En el supuesto de salvar la cuestión de estar como no localizados, empezaron a solicitar la verificación de domicilio y con ello mostrar a sus clientes beneficiarios del uso de este tipo de comprobantes con una constancia oficial, el de estar localizados y garantizar el éxito de una operación fraudulenta que pondría al descubierto más tarde la trama de actos ilícitos, ya que al final optan al ser descubiertos o previamente, el de abandonar el domicilio fiscal y desaparecer, dejando al beneficiario receptor con un grave problema de naturaleza económico y una puerta abierta para enfrentar un proceso penal.

La experiencia de contribuyentes que se han visto involucrados en este primer supuesto contenido en el primer párrafo del artículo 69-B del CFF, es la de en adelante poner más atención en el detalle del registro de sus operaciones en su contabilidad, dejando de lado los elementos tradicionales como era contar con el comprobante fiscal con todos sus requisitos que se establecen en los artículos 29 y 29-A del CFF, el comprobante de pago y contrato; sino adjuntar a la póliza de registro contable, cualquier otro elemento que permita inferir que la operación consignada en el comprobante fiscal fue adquirida o en caso de tratarse de la prestación de un servicio, que este hubiese sido efectivamente recibido; documentos tales como correos electrónicos o cualquier tipo alterno de comunicación, mediante los cuales se comunica el interés de adquirir o contratar el bien o el servicio de que se trate, la cotización o presupuesto aplicable, la guía de embarque, los controles internos de almacenamiento o en caso de tratarse de equipos extranjeros, los documentos de internamiento legal al país, así como cualquier otro elemento que por mínimo que sea, permita ser adminiculado con otros para mostrar que no se está en un supuesto de esta naturaleza previsto en este primer párrafo.

A pesar de que los traficantes de comprobantes fiscales con operaciones inexistentes garanticen que la empresa emisora está localizada o que cuentan con todos los elementos señalados en este primer párrafo, ello no es suficiente, ya que los elementos adicionales que no necesariamente son un requisito para su deducibilidad, no los ofrecen en el momento en que realizan la operación fraudulenta.

En la práctica puede algún contribuyente operar sin los elementos de activos, personal, infraestructura o capacidad material, directa o indirectamente, para prestar los servicios o producir, comercializar o entregar los bienes que amparan los comprobantes emitidos, por tener en la infraestructura del grupo empresarial segmentados los diversos servicios que se prestan o al enajenar un bien; ya sea porque el personal le es suministrado por un tercero en cuestiones tanto administrativas como operativas, por contar con un establecimiento en préstamo propiedad de un tercero, por operar con una marca o razón comercial propiedad de un tercero y tratándose del transporte en caso de que sea necesario para la operación, éste sea prestado por un tercero.

La importancia en caso de estar en el supuesto anterior, es contar con los acuerdos de voluntades debidamente ratificados ante fedatario público autorizado para ello, tener un expediente por cada prestador de servicios debidamente integrado con sus registros ante el registro federal de contribuyentes y otros organismos fiscales autónomos para acreditar en un momento dado, que el prestador del servicio o proveedor del bien de que se trate, se encuentra operando dentro del marco de la legalidad; precisar en dichos contratos la disponibilidad del personal involucrado en tales actos, de comparecer ante instancias jurisdiccionales a absolver posiciones o a testificar de la realidad de las operaciones.

Es más sencillo ir cuidando que en cada operación se cuenten con más elementos de los marcados por la legislación, se invierte más tiempo en compilar, sistematizar y documentar dicha información, que encontrarse en un trance administrativa casi "eterno" de aparecer en una lista de contribuyentes que presuntamente emiten este tipo de comprobantes, ya que el escarnio público no es sencillo de eliminarse del imaginario colectivo con el transcurso del tiempo.

Existen planteamientos en medios de defensa, tendientes a cuestionar la validez de determinar la situación de un contribuyente como presunto emisor de comprobantes fiscales con operaciones inexistentes sobre diversos ejercicios fiscales, cuando solo debía corresponder a "*tales comprobantes*" -palabras contenidas en este primer párrafo-, ya que de una interpretación armónica al referido artículo 69-B, se aprecia que, cuando la autoridad detecte que el contribuyente ha emitido comprobantes sin contar con activos, personal, infraestructura o capacidad material, directa o indirectamente para prestar los servicios, se presumirá la inexistencia de las operaciones amparadas en tales comprobantes, es decir, al utilizar las palabras "*tales comprobantes*", claramente el numeral está relacionando y concatenando los hechos que fueron detectados con los comprobantes fiscales que se desprendan de las situaciones de tiempo, modo y lugar implícitos en tales hechos, que por lo tanto, si los hechos detectados acontecieron en cierto año plenamente identificado la presuntiva deberá versar sobre los comprobantes fiscales emitidos en ese mismo año y no en otro u otros como en la práctica llegan a determinarlo.

Identico planteamiento sucede, cuando se determina que el contribuyente se sitúa en el supuesto de presunto emisor de dichos comprobantes, al estar como "no localizado", palabras que se contienen en el presente párrafo objeto de estudio, ya que debían entonces considerarse en el supuesto, como CFDIS que contienen presuntamente operaciones inexistentes, las relativas al ejercicio fiscal en que se actúa, en que se determina que se encuentra como "no localizado" y no en otro u otros diversos anteriores.

Frente a planteamientos de esta naturaleza, lo dable sería que, el juzgador concluyera que la ilegalidad dentro del procedimiento administrativo se encuentra desde el oficio presuntivo, ya que nunca existieron los supuestos hechos que hayan justificado la presunción ahí contenida en el oficio presuntivo, esto debido a que ese documento está indebidamente motivado, debiéndose declarar la nulidad lisa y llana tanto del oficio presuntivo, por motivarse en hechos distintos y apreciados en forma equivocada, así como del acto definitivo impugnado por haber derivado de un oficio ilegal y por lo tanto ser fruto de un acto viciado, así como igualmente haberse motivado en hechos distintos a los reales y apreciados en forma distinta. Resaltando que la indebida motivación en cuanto al fondo amerita una nulidad lisa y llana, ya que no se trata de una ausencia de motivación.

No se debe perder de vista que este primer párrafo del artículo 69-B contiene

una presunción *iuris tantum*, la cual admite prueba en contrario, por ende, no es la autoridad fiscal la que se encuentra compelida a soportar la citada presunción legal, sino que es al contribuyente a quien le corresponde desvirtuarla; la presunción que con la norma se realizara por parte de la autoridad, en cuanto a la inexistencia de las operaciones que se avalan con los comprobantes fiscales emitidos, no es absoluta (*iuris et de iure*) sino relativa (*iuris tantum*), puede ser destruida por el propio contribuyente mediante la aportación de pruebas que demuestren lo contrario.

Capítulo II

Segúndo párrafo:

En este supuesto, procederá a notificar a los contribuyentes que se encuentren en dicha situación a través de su buzón tributario, de la página de Internet del Servicio de Administración Tributaria, así como mediante publicación en el Diario Oficial de la Federación, con el objeto de que aquellos contribuyentes puedan manifestar ante la autoridad fiscal lo que a su derecho convenga y aportar la documentación e información que consideren pertinentes para desvirtuar los hechos que llevaron a la autoridad a notificarlos. Para ello, los contribuyentes interesados contarán con un plazo de quince días contados a partir de la última de las notificaciones que se hayan efectuado.

PÁRRAFO	TEXTO ORIGINAL	REFORMA 1	REFORMA 2
II	En este supuesto, procederá a notificar a los contribuyentes que se encuentren en dicha situación a través de su buzón tributario, de la página de internet del Servicio de Administración Tributaria, así como mediante publicación en el Diario Oficial de la Federación, con el objeto de que aquellos contribuyentes puedan manifestar ante la autoridad fiscal lo que a su derecho convenga y aportar la documentación e información que consideren pertinentes para desvirtuar los hechos que llevaron a la autoridad a notificarlos. Para ello, los contribuyentes interesados contarán con un plazo de quince días contados a partir de la última de las notificaciones que se hayan efectuado.		

La primera publicación que se efectúa en dicho procedimiento, constituye un medio de comunicación entre la autoridad fiscal y el contribuyente que se encuentra en el supuesto de presunción de inexistencia de operaciones, siendo que la finalidad de esa notificación es hacer del conocimiento del gobernado la posibilidad que tiene de acudir ante la autoridad, a manifestar lo que a su interés legal convenga, inclusive a ofrecer pruebas para desvirtuar el sustento de la referida presunción, esto de manera previa a que se declare definitivamente la inexistencia de sus operaciones; por lo que la mencionada primera publicación resulta ser un acto de molestia al que no le es exigible el derecho de audiencia previa.

Del presente segundo párrafo de ese precepto se desprende que el legislador federal otorga a los gobernados un plazo de quince días para que éstos puedan aportar pruebas y argumentos aptos para destruir la presunción de inexistencia de operaciones.

El buzón tributario se establece desde el año 2014 como un medio de comunicación entre la autoridad administrativa y el contribuyente, un mecanismo de notificación "infalible" para darle a conocer a los contribuyentes determinaciones administrativas tales, como el estar en el supuesto del primer párrafo del artículo 69-B del Código Fiscal de la Federación (CFF); en atención al contenido de este segundo párrafo intocado a la fecha, el plazo que tiene el contribuyente presunto emisor de comprobantes fiscales con operaciones inexistentes, corre a partir de que se relacione su nombre en el listado que publica la Secretaría de Hacienda y Crédito Público (SHCP) en el Diario Oficial de la Federación (DOF).

Previo a la publicación, el contribuyente por lo menos ya conoce dicha determinación administrativa, ya que antes de la publicación en el DOF, ya se le había notificado a través del buzón tributario el acto administrativo donde se le señala haberse ubicado en alguno de los supuestos del primer párrafo de dicho numeral, así como la relación de comprobantes fiscales emitidos, identificando en una relación debidamente a los contribuyentes y las operaciones efectuadas con estos.

Difícilmente un contribuyente emisor de comprobantes fiscales al ser notificado de lo anterior, le informará a sus clientes en cuanto receptores de los mismos, para prevenirlos del desenlace que pudiera resultar para poder afrontar la situación administrativa y penal en su caso, el contribuyente receptor que le dio efectos fiscales a estos comprobantes, no está acostumbrado a estar al pendiente de lo que se publica a diario en el órgano de comunicación oficial de la federación, es así, que surgen compañías prestadoras de servicios de alertas electrónicas, respecto de los contribuyentes listados como presuntos emisores y como emisores definitivos en su caso, para que administrativamente se soporten los registros por cualquier aclaración que deba efectuarse o bien, dejar de operar con este tipo de contribuyentes, la realidad es que el estar en un listado de esta naturaleza, es una estigmatización social delicada.

Con la adición del artículo 69-B al CFF vienen otras adiciones como la señalada en materia de buzón tributario y derogaciones como la impugnación de notificaciones en dicho ordenamiento, precisamente porque se entiende de lo "infalible" de la notificación electrónica; situación que es relativa, ya que dentro del mecanismo de notificación electrónica, en ocasiones se puede dar el no envío del aviso previo al medio de contacto señalado con antelación, lo que deriva en la ilegalidad de la notificación que en automático se da al cuarto día; esta impugnación de la notificación necesariamente debe plantearse mediante un juicio contencioso administrativo federal ante la sala competente del Tribunal Federal de Justicia Administrativa.

En el pasado reciente las notificaciones por estrados para este tipo de casos era cosa de todos los días, ya que muchos contribuyentes no habían activado su buzón tributario y por tanto no se podía hacer la segunda notificación conforme a este segundo párrafo del artículo en estudio; muchas de estas notificaciones por estrados -que son miles en la materia-, resultan ser ilegales al no supeditarse a los requisitos señalados en el CFF, ya sea por la falta de competencia del funcionario que las ordena o bien, por la razón de que no se fijan por el periodo de tiempo fijado en la ley, lo que da pie a una impugnación en el momento en que les pudieran notificar la determinación de la situación fiscal posteriormente.

Resulta común, que muchas ocasiones la autoridad administrativa en el momento en que notifica al contribuyente la determinación de considerarlo como presunto emisor de comprobantes fiscales con operaciones inexistentes, no le precisa la totalidad de las situaciones tales como los motivos que le orillaron a ello y por ende, al hacerlo posteriormente, pretende mejorar la motivación del procedimiento y por lo tanto del acto, que originalmente hubiese tenido que emitirse sin considerar hechos distintos a los dados a conocer en la etapa presuntiva, introduciendo elementos que no constituyeron los hechos que un principio habían motivado y dado lugar a la presunción de "no localización" por ejemplo; por ende se actualizaría una violación al derecho fundamental de seguridad jurídica para el contribuyente.

Lo anterior, independientemente de que la autoridad precise como parte de la motivación el artículo 63 del CFF, ya que si bien ese numeral permite a las autoridades fiscales el motivar sus resoluciones en hechos que conozcan con motivo de sus facultades de comprobación, o que consten en documentos, bases de datos, lo cierto es que la autoridad puede perder de vista que el momento procesal oportuno para hacer uso de dicha información e introducirla al procedimiento en cuestión, es en el oficio presuntivo y no hasta la resolución definitiva, lo anterior para que el contribuyente tuviese un mínimo de certeza jurídica, respecto a qué hechos eran los que tenía que desvirtuar.

Contrario a lo anterior, existe el desatinado precedente VIII-P-SS-274 dictado por la Sala Superior del Tribunal Federal de Justicia Administrativa, de rubro "*PRESUNCIÓN DE INEXISTENCIA DE OPERACIONES. LA AUTORIDAD NO SE ENCUENTRA OBLIGADA A NOTIFICAR LOS DOCUMENTOS EN LOS QUE SE APOYÓ PARA ELLO.*", criterio contrario a los contribuyentes.

En ocasiones los contribuyentes tienen subcontratada la mano de obra operativa y administrativa y en consecuencia en sus declaraciones anuales y de pagos provisionales, no les resulta el entero de retenciones en materia de impuesto sobre la renta o impuesto al valor agregado de ser el caso, no por ello signifique que no cuenten con mano de obra; en cuestión de la ausencia de activos fijos sucede que en el mismo sentido no se reflejen en la declaración anual rubros inherentes como la depreciación, por la razón de contar con contratos de comodatos respecto de los mismos o incluso de arrendamiento.

Es importante para los contribuyentes que al contratar en los términos del párrafo anterior y la autoridad determine que son emisores presuntos de este tipo de comprobantes por la razón de no contar con personal o infraestructura, en el momento en que se desvirtúe, aporten los elementos necesarios vinculados con este tipo de operaciones, para salir del supuesto en el que se encuentran; como medida preventiva deben considerar que si se tienen inmuebles en comodato, es conveniente que por cada inmueble se debe aperturar en ese domicilio un establecimiento, dando el aviso respectivo al registro federal de contribuyentes para los efectos legales conducentes.

Este segundo párrafo desde su origen da lugar a la arbitrariedad por parte de las autoridades fiscales, esto al no prever en sí, la forma en que ha de detectarse que un contribuyente ha emitido comprobantes fiscales sin contar con activos, personal e infraestructura, mucho menos los lineamientos y parámetros que debe tomar en cuenta para ello, dicho numeral no prevé en qué medios puede apoyarse la autoridad así como cuáles debe proporcionar el contribuyente para acreditar sus operaciones, hoy en día es práctica común de la autoridad en términos del numeral objeto de estudio, exigir evidencia material, que cae en lo subjetivo, de requerir o acreditar cómo se enajenó el bien o se prestó el servicio -detalle tras detalle-, y se deja en arbitrio de la autoridad decidir si el contribuyente se ubica o no en el supuesto de operaciones inexistentes, transgrediendo de esta manera a lo dispuesto por el artículo 14 y 16 Constitucionales, que prevén los derechos fundamentales al debido proceso, legalidad y seguridad jurídica, pues el contribuyente no sabe a qué atenerse, quedando de esta manera a merced de la autoridad fiscal en cuanto a la determinación de su situación fiscal.

Hasta aquí podríamos considerar que estamos haciendo un análisis ordinario del segundo párrafo del artículo 69-B del CFF, sin embargo, en un aspecto extraordinario podemos encontrar a contribuyentes a quienes por alguna razón, no conocen de la existencia del oficio de presunción a que se alude en el primer párrafo, siendo hasta que un tercero les informa de que observaron su nombre en la publicación que se hace de los emisores definitivos por parte de la SHCP en el DOF, debiendo conforme a este segundo párrafo, manifestar a la autoridad lo que a su derecho convenga y aportar la documentación e información que consideren pertinentes para desvirtuar los hechos que llevaron a la autoridad a notificarlos; para ello, los contribuyentes interesados contarán con un plazo de quince días contados a partir de la última de las notificaciones que se hayan efectuado, siendo ésta la del DOF.

Es en este tipo de supuestos, donde el contribuyente afectado, puede impugnar la notificación primigenia a través del juicio contencioso administrativo federal regulado por la Ley Federal de Procedimiento Contencioso Administrativo y es a partir de que la autoridad demandada conteste la demanda, que podrá hacer valer agravios o conceptos de impugnación el contribuyente por medio de la ampliación de la demanda, contra los elementos probatorios que la autoridad hubiese exhibido al dar contestación a la acción intentada, preciso que es la vía adecuada para este tipo de impugnaciones, en virtud de que con la reforma del año 2014 al CFF se elimina la normativa aplicable a la impugnación de notificaciones en sede administrativa por medio del recurso de revocación que hasta el año 2013 estuvo vigente.

Ordinariamente las notificaciones del oficio de presunción pudieron darse por estrados, por no estar habilitado el buzón tributario o bien porque no se pudo notificar de manera personal al contribuyente y son precisamente esos documentos los que el particular no conocía hasta entonces: el acuerdo de notificación por estrados, el acta de notificación, el acta de retiro de documentos notificados y la resolución misma, así como la resolución donde se precisa en cuanto al número de oficio, que se publica en el DOF donde se le considera ya como emisor definitivo, esto es, no conocía los oficios de presunción, ni el definitivo, dejando en estado de indefensión al contribuyente, toda vez que no se le notificó resolución alguna, negándole así el derecho a la justicia para acudir a los tribunales a defenderse.

En este tipo de situaciones, para efecto de que el órgano jurisdiccional no puede decretar un sobreseimiento al estar frente a resoluciones que no pueden ser impugnadas al considerar que no son definitivas o que no causan un perjuicio en materia fiscal, es importante considerar como acto definitivo, la resolución determinante que considere al contribuyente como emisor definitivo y no al oficio global publicado en el DOF, ya que si la autoridad hacendaria mediante oficio hace del conocimiento del contribuyente su inclusión en el listado aludido, en contra de tal oficio no procede el juicio contencioso administrativo, puesto que no constituye una resolución que cause agravio, no constituye una resolución que pongan fin a un procedimiento administrativo o instancia, no resuelven un expediente ni deciden algún recurso administrativo en términos de la Ley Federal de Procedimiento Contencioso Administrativo, sino que es una consecuencia directa de la resolución de la autoridad fiscal por la que determinó que dicho contribuyente no desvirtuó la presunción actualizada en su contra.

Las publicaciones a que hace referencia este párrafo no son de índole sancionador, pues no tienen por objeto privar al contribuyente de un derecho por haber incumplido una disposición; sino que su finalidad es que la autoridad dé a conocer que existe la presunción de inexistencia de operaciones para que los contribuyentes tengan oportunidad de desvirtuarla ofreciendo pruebas y, posteriormente, en su caso se declarare (en definitiva) una realidad jurídica; es decir, tiene una función correctiva y rectificadora de un estado de cosas.

Capítulo III

Tercer párrafo:

Los contribuyentes podrán solicitar a través del buzón tributario, por única ocasión, una prórroga de cinco días al plazo previsto en el párrafo anterior, para aportar la documentación e información respectiva, siempre y cuando la solicitud de prórroga se efectúe dentro de dicho plazo. La prórroga solicitada en estos términos se entenderá concedida sin necesidad de que exista pronunciamiento por parte de la autoridad y se comenzará a computar a partir del día siguiente al del vencimiento del plazo previsto en el párrafo anterior.

PÁRRAFO	TEXTO ORIGINAL	REFORMA 1	REFORMA 2
III		Los contribuyentes podrán solicitar a través del buzón tributario, por única ocasión, una prórroga de cinco días al plazo previsto en el párrafo anterior, para aportar la documentación e información respectiva, siempre y cuando la solicitud de prórroga se efectúe dentro de dicho plazo. La prórroga solicitada en estos términos se entenderá concedida sin necesidad de que exista pronunciamiento por parte de la autoridad y se comenzará a computar a partir del día siguiente al del vencimiento del plazo previsto en el párrafo anterior.	

El 25 de junio de 2018 se publica en el Diario Oficial de la Federación (DOF) la primer reforma al artículo 69-B del Código Fiscal de la Federación, adicionando entre otros el actual tercer párrafo, con un tipo de silencio ficto en un sentido positivo, lo que en la doctrina se recoge como una "afirmativa ficta" o "positiva ficta", tal como sucede en cuestiones de comercio exterior, que si transcurrido un plazo no hay respuesta a la petición, se debe entender por concedido lo solicitado, en este caso concreto, la prórroga de cinco días adicionales a los quince días establecidos en el primer párrafo de dicho numeral, sin perder de vista que la solicitud se debe formular dentro del plazo de los quince días ya concedidos, por medio de dicho buzón tributario; se deben considerar solamente los días hábiles para efectos del cómputo de los plazos.

La publicación de la adición del actual tercer párrafo entró en vigor de acuerdo con su Artículo Primero Transitorio, a los treinta días siguientes al de su publicación en el DOF, esto es, el 25 de julio de ese mismo año, siendo una oportunidad "adicional" para el contribuyente que pretende aportar información y documentación para desvirtuar la presunción de inexistencia, generando con ello por parte del legislador una certidumbre jurídica "ampliada", ya que si bien es cierto tiene una semana más para aportar dichos elementos, no menos cierto es, que con antelación, al haber estado notificado vía buzón tributario, ya contaba con conocimiento de los plazos con los que contaba para ello.

La experiencia vivida en estos procedimientos administrativos que se siguen en forma de juicio es que la gran mayoría de las ocasiones, la respuesta a las documentales presentadas por los contribuyentes es que además de ser insuficientes, se trata de meras documentales privadas de fácil confección y manipulación o más aún, con relación a la carencia de fecha cierta en documentales, no es impedimento para demostrar la veracidad de su contenido si es que al respecto se aportan otras pruebas.

Capitulo IV

Cuarto párrafo:

Transcurrido el plazo para aportar la documentación e información y, en su caso, el de la prórroga, la autoridad, en un plazo que no excederá de cincuenta días, valorará las pruebas y defensas que se hayan hecho valer y notificará su resolución a los contribuyentes respectivos a través del buzón tributario. Dentro de los primeros veinte días de este plazo, la autoridad podrá requerir documentación e información adicional al contribuyente, misma que deberá proporcionarse dentro del plazo de diez días posteriores al en que surta efectos la notificación del requerimiento por buzón tributario. En este caso, el referido plazo de cincuenta días se suspenderá a partir de que surta efectos la notificación del requerimiento y se reanudará el día siguiente al en que venza el referido plazo de diez días. Asimismo, se publicará un listado en el Diario Oficial de la Federación y en la página de Internet del Servicio de Administración Tributaria, de los contribuyentes que no hayan desvirtuado los hechos que se les imputan y, por tanto, se encuentran definitivamente en la situación a que se refiere el primer párrafo de este artículo. En ningún caso se publicará este listado antes de los treinta días posteriores a la notificación de la resolución.

PÁRRAFO	TEXTO ORIGINAL	REFORMA 1	REFORMA 2
IV	Transcurrido dicho plazo, la autoridad, en un plazo que no excederá de cinco días, valorará las pruebas y defensas que se hayan hecho valer; notificará su resolución a los contribuyentes respectivos a través del buzón tributario y publicará un listado en el Diario Oficial de la Federación y en la página de internet del Servicio de Administración Tributaria, únicamente de los contribuyentes que no hayan desvirtuado los hechos que se les imputan y, por tanto, se encuentran definitivamente en la situación a que se refiere el primer párrafo de este artículo. En ningún caso se publicará este listado antes de los treinta días posteriores a la notificación de la resolución.	Transcurrido el plazo para aportar la documentación e información y, en su caso, el de la prórroga, la autoridad, en un plazo que no excederá de cincuenta días, valorará las pruebas y defensas que se hayan hecho valer y notificará su resolución a los contribuyentes respectivos a través del buzón tributario. Dentro de los primeros veinte días de este plazo, la autoridad podrá requerir documentación e información adicional al contribuyente, misma que deberá proporcionarse dentro del plazo de diez días posteriores al en que surta efectos la notificación del requerimiento por buzón tributario. En este caso, el referido plazo de cincuenta días se suspenderá a partir de que surta efectos la notificación del requerimiento y se reanudará el día siguiente al en que venza el referido plazo de diez días. Asimismo, se publicará un listado en el Diario Oficial de la Federación y en la página de Internet del Servicio de Administración Tributaria, de los contribuyentes que no hayan desvirtuado los hechos que se les imputan y, por tanto, se encuentran definitivamente en la situación a que se refiere el primer párrafo de este artículo. En ningún caso se publicará este listado antes de los treinta días posteriores a la notificación de la resolución.	

La reforma al actual cuarto párrafo deriva de la reforma publicada en el Diario Oficial de la Federación (DOF) el 25 de junio del año 2018, con un inicio de vigencia de acuerdo con su Artículo Primero Transitorio, de treinta días siguientes al de su publicación en el DOF, esto es, el 25 de julio de ese mismo año.

Este cuarto párrafo (en un origen tercer párrafo) regula el procedimiento de revisión que debe instrumentar la autoridad para determinar si el contribuyente realiza o no las operaciones que ampara; se insiste, las publicaciones a que hace referencia este cuarto párrafo no son de índole sancionador, pues no tienen por objeto privar al contribuyente de un derecho por haber incumplido una disposición; sino que su finalidad es que la autoridad dé a conocer que existe la presunción de inexistencia de operaciones para que los contribuyentes tengan oportunidad de desvirtuarla ofreciendo pruebas (tal como se establece en el segundo párrafo) y, posteriormente, en su caso se declarare en definitiva una realidad jurídica; es decir, tiene una función correctiva y rectificadora de un estado de cosas.

De modo que, si no se trata de un procedimiento sancionador ni de una facultad de comprobación, la consecuencia de la notificación respecto de la inclusión del contribuyente en el segundo listado como emisor definitivo, es determinar que no logró desvirtuar la presunción *iuris tantum* y que por ende, los comprobantes fiscales emitidos carecen de valor legal.

La reforma al párrafo en cita esclarece qué es lo que se aporta: la documentación e información o la solicitud de prórroga; se amplía el plazo de cinco a cincuenta días para determinar la situación fiscal del contribuyente, lo que permite por un lado tener un respiro para los sujetos activo y pasivo de la relación jurídico tributaria; para el contribuyente presunto emisor de este tipo de comprobantes la reforma le es perjudicial, ya que en el plazo original de cinco días, le era imposible materialmente cumplir a la autoridad administrativa con determinar la situación fiscal, lo que resultaba en la práctica un beneficio al contribuyente por el nacimiento de una caducidad especial; la misma permite aclarar que el plazo de cincuenta días es siguiente a que al contribuyente presunto emisor hasta este momento, se le vence el primer plazo para comparecer.

Surge la posibilidad de que, una vez recibida la documentación e información entregada por parte del contribuyente a la autoridad administrativa, ésta pueda requerir adicionalmente documentación e información relacionada con los hechos de que se trate, la que se debe entregar en un plazo de diez días más, suspendiéndose el plazo de cincuenta días para resolver la situación fiscal del contribuyente emisor de CFDIS con operaciones presuntamente inexistentes.

Subsiste la parte final del texto primigenio, relativo a publicar en el Diario Oficial de la Federación, una lista de contribuyentes que no hayan desvirtuado la presunción en cita tocante a los hechos imputados, para ser considerados ahora como emisores definitivos de CFDIS con operaciones inexistentes, sin mayor sanción administrativa que el dejar sin efectos su certificado de sello digital y los archivos de su firma electrónica, sometiendo al contribuyente en este caso, a un tipo de pena capital, en especial tratándose de personas físicas, ya que las personas morales como una ficción jurídica que son, en estos casos tienden a desaparecer, afectando a las personas que aparezcan como representante legal, socios o accionistas, al ser parte de la estructura corporativa de la empresa, con responsabilidades en su calidad de terceros conforme al artículo 26 del Código Fiscal de la Federación, por su vínculo con dicha entidad económica.

En fecha 18 de febrero de 2020, se presentó una iniciativa de ley mediante la cual se pretende reformar el presente cuarto párrafo y adicionar de una manera compleja dos párrafos más, propuesta que a la fecha no ha concluido el proceso legislativo.[7]

---

7 Ver el apartado denominado "INICIATIVAS DE LEY NO APROBADAS A LA FECHA".

Los contribuyentes que le hayan dado efectos fiscales a los comprobantes que se lleguen a determinar emitidos por un emisor definitivo, deben estar al pendiente día con día revisando el DOF, para el efecto de constatar que sus proveedores no estén señalados como emisores definitivos en las publicaciones que esporádicamente realiza la Secretaría de Hacienda y Crédito Público en el DOF, so pena de perder la oportunidad prevista en el octavo párrafo del numeral a estudio, considerando que si bien es cierto acudan de manera voluntaria a acreditar la efectiva adquisición de bienes y/o servicios contenidos en dichos comprobantes, no menos cierto es que si lo hacen fuera del plazo de treinta días que tienen para ello conforme a dicho párrafo, se les considerará como extemporánea su comparecencia, teniendo como resultado posteriormente la determinación de un crédito fiscal, amén de las sanciones de tipo penal que puedan proceder.

Las publicaciones que se hagan de estos listados en el DOF surten efectos de notificación, al tratarse de actos de interés general.

El oficio mediante el cual se da a conocer al contribuyente su inclusión en el segundo listado a que se refiere este cuarto párrafo (antes de la reforma tercer párrafo) del artículo 69-B del CFF y que a criterio de la autoridad, los comprobantes fiscales que ha emitido no cumplen con los requisitos legales, no constituye una resolución impugnable en el juicio contencioso administrativo, conforme al artículo 3, fracción V, de la Ley Orgánica del Tribunal Federal de Justicia Administrativa, pues se trata de un acto declarativo a través del cual la autoridad sólo hace del conocimiento al contribuyente la publicación de esa situación[8].

---

[8] JUICIO CONTENCIOSO ADMINISTRATIVO FEDERAL. ES IMPROCEDENTE CONTRA EL OFICIO POR EL QUE SE HACE DEL CONOCIMIENTO DEL CONTRIBUYENTE SU INCLUSIÓN EN EL LISTADO DE AQUELLOS QUE NO DESVIRTUARON LA PRESUNCIÓN DE INEXISTENCIA DE OPERACIONES

Los contribuyentes receptores de los comprobantes fiscales con operaciones inexistentes, no tienen interés jurídico para solicitar la declaratoria de extinción de facultades al transcurrir el plazo de cinco o cincuenta días según corresponda, plazo respectivo previsto en el tercer párrafo hasta 2018, hoy cuarto párrafo del artículo 69-B del CFF vigente, pues en todo caso, ello esta dirigido y sí puede solicitarse por quien expidió los comprobantes cuyas operaciones se consideraban inexistentes y no así por quien los recibió, pues para éste, esta el procedimiento previsto en los dos últimos párrafos de dicho numeral hasta 2018, hoy antepenúltimo y penúltimo párrafos.

Todas las determinaciones dictadas hasta antes de la reforma de 2018 al numeral son ilegales, al no haberse dictado en el primer plazo establecido en un origen y haberles notificado a los contribuyentes considerados como presuntos en un inicio y posteriormente al precisarlos como emisores definitivos, es importante resaltar lo anterior, ya que muchas de esas determinaciones causaron una gran afectación a los receptores con quienes estuvieron vinculados, independientemente de que hayan aportado elementos de prueba o ni siquiera hubiesen acudido a hacer manifestaciones, ya con la reforma donde se amplía el plazo a cincuenta días, el legislador apoya la actuación de la autoridad, para evitar una serie de nulidades como se empezaba a vislumbrar.

A QUE SE REFIEREN LOS PÁRRAFOS PRIMERO Y TERCERO DEL ARTÍCULO 69-B DEL CÓDIGO FISCAL DE LA FEDERACIÓN, EN SU TEXTO ANTERIOR A LA REFORMA PUBLICADA EN EL DIARIO OFICIAL DE LA FEDERACIÓN EL 25 DE JUNIO DE 2018. Suprema Corte de Justicia de la Nación. Registro digital: 2022468. Instancia: Segunda Sala. Décima Época. Materias(s): Administrativa. Tesis: 2a./J. 23/2020 (10a.). Fuente: Gaceta del Semanario Judicial de la Federación. Libro 80, Noviembre de 2020, Tomo II, página 1092. Tipo: Jurisprudencia.

Mediante publicaciones en el DOF de fechas tres y once de marzo del año 2022, consistentes en la resolución que reforma y adiciona las Disposiciones de carácter general a que se refiere el artículo 115 de la Ley de Instituciones de Crédito (LIC) y el Decreto por el que se adiciona el artículo 116 Bis 2 de la Ley de Instituciones de Crédito respectivamente, permite la posibilidad de que la Unidad de Inteligencia Financiera (UIF) pueda incluir en la "Lista de Personas Bloqueadas al Sistema Financiero Mexicano" a los contribuyentes que se ubiquen en el supuesto previsto en el cuarto párrafo del artículo 69-B del CFF que ahora comentamos.

Las instituciones de crédito podrán suspender de forma inmediata cualquier tipo de operación con aquellos gobernados que se ubiquen en el supuesto previsto en el párrafo cuarto del artículo 69-B del CFF conforme a lo señalado en el párrafo anterior, es decir, respecto de aquellos contribuyentes que hayan sido incluidos en la lista definitiva de presunción de inexistencia por las operaciones amparadas en los comprobantes fiscales digitales por internet que emiten.

La Disposición 71[9] de carácter general a que se refiere el artículo 115 de la Ley de Instituciones de Crédito, fue adicionada con una fracción VII[10], que consigna una facultad discrecional para la Secretaría de Hacienda y Crédito Público por medio de la UIF, consistente en poder introducir en la "Lista de Personas Bloqueadas" (*sic*), a aquellas que aparezcan en la lista de contribuyentes a que se refiere el cuarto párrafo del artículo 69-B del CFF.

---

9 71ª.- La Secretaría podrá introducir en la Lista de Personas Bloqueadas a las personas, bajo los siguientes parámetros: (…)".

10 "(…) VII. Aquéllas que aparezcan en la lista de contribuyentes a que se refiere el cuarto párrafo del artículo 69-B del Código Fiscal de la Federación".

Si el contribuyente se ubica en el supuesto previsto en la Disposición 71 de carácter general a que se refiere el artículo 115 de la LIC, publicada en el DOF el tres de marzo del año 2022, estaría legitimado para reclamar esa disposición, juntamente con los restantes preceptos y disposiciones generales, por medio de un juicio de amparo indirecto, como primer acto de aplicación.

Capítulo V

Quinto párrafo:

Los efectos de la publicación de este listado serán considerar, con efectos generales, que las operaciones contenidas en los comprobantes fiscales expedidos por el contribuyente en cuestión no producen ni produjeron efecto fiscal alguno.

PÁRRAFO	TEXTO ORIGINAL	REFORMA 1	REFORMA 2
V	Los efectos de la publicación de este listado serán considerar, con efectos generales, que las operaciones contenidas en los comprobantes fiscales expedidos por el contribuyente en cuestión no producen ni produjeron efecto fiscal alguno.		

¿Solamente los comprobantes fiscales digitales por internet (CFDIS) relacionados en el oficio que le hacen llegar al contribuyente son los que no producen ni produjeron efecto fiscal alguno? El párrafo alude a los efectos generales en tiempos presente y pasado, al referirse a las operaciones contenidas en dichos CFDIS, en caso de que al contribuyente emisor le hayan sido señalados solamente determinados comprobantes de un ejercicio fiscal, subsiste la duda respecto del criterio de la autoridad administrativa de si el texto solo vincula a estos o a todos los emitidos fuera de los señalados, de ser esto último, se le genera al contribuyente emisor definitivo un problema mayúsculo con sus clientes, al estar obligados estos conforme al octavo párrafo del artículo 69-B del Código Fiscal de la Federación a acreditar la efectiva adquisición de los bienes o servicios que hubiese tenido con dicho contribuyente emisor, bajo la incertidumbre de no conocer que CFDIS le fueron observados o bien, si la acreditación es general, de todos los CFDIS expedidos por el contribuyente listado como definitivo por sus relaciones comerciales, lo que se puede tornar en un caos administrativo si se trata de operaciones frecuentes en diversos ejercicios fiscales.

Capítulo VI

Sexto párrafo:

La autoridad fiscal también publicará en el Diario Oficial de la Federación y en la página de Internet del Servicio de Administración Tributaria, trimestralmente, un listado de aquellos contribuyentes que logren desvirtuar los hechos que se les imputan, así como de aquellos que obtuvieron resolución o sentencia firmes que hayan dejado sin efectos la resolución a que se refiere el cuarto párrafo de este artículo, derivado de los medios de defensa presentados por el contribuyente.

PÁRRAFO	TEXTO ORIGINAL	REFORMA 1	REFORMA 2
VI		La autoridad fiscal también publicará en el Diario Oficial de la Federación y en la página de Internet del Servicio de Administración Tributaria, trimestralmente, un listado de aquellos contribuyentes que logren desvirtuar los hechos que se les imputan, así como de aquellos que obtuvieron resolución o sentencia firmes que hayan dejado sin efectos la resolución a que se refiere el cuarto párrafo de este artículo, derivado de los medios de defensa presentados por el contribuyente.	

El presente párrafo se adiciona al artículo 69-B del Código Fiscal de la Federación (CFF) mediante publicación del 25 de junio del año 2018 en el Diario Oficial de la Federación (DOF), con la intención de generar certidumbre jurídica hacía los contribuyentes que en su momento, logren desvirtuar los hechos que se les haya imputado como emisores presuntos de comprobantes fiscales digitales por internet (CFDIS) con operaciones inexistentes o que al promover un medio de defensa, un órgano jurisdiccional dejó sin efectos la resolución administrativa mediante la cual se les consideraba como emisores definitivos de este tipo de CFDIS, siempre y cuando estas determinaciones judiciales logren su firmeza jurídica definitiva.

Lo anterior por el estigma social en que se encuentran al haber sido publicados aún sea como emisores presuntos o definitivos de CFDIS con operaciones inexistentes, no existía un mecanismo idóneo para limpiar el buen nombre de los contribuyentes que hubiesen estado en esa situación jurídica y finalmente en una fase administrativa logran hacer el desvirtuamiento debido o bien, en una sede jurisdiccional.

El 22 de abril del año 2021, el diputado Jorge Alberto Mendoza Reyes presentó una iniciativa de ley[11] para reformar el artículo 69-B del CFF en su sexto párrafo, sin que a la fecha haya concluido el proceso legislativo; la propuesta de reforma se sintetiza en el siguiente cuadro:

La autoridad fiscal también publicará en el Diario Oficial de la Federación y en la página de Internet del Servicio de Administración Tributaria, un listado mensual de aquellos contribuyentes que hayan desvirtuado los hechos que se les imputan u obtenido resolución o sentencia firmes que dejó sin efectos la resolución a que se refiere el cuarto párrafo de este artículo, derivado de los medios de defensa presentados por el contribuyente, lo cual tendrá que realizar a más tardar en los primeros quince días del mes siguiente en que se hayan desvirtuado los hechos o quedado firme la resolución o sentencia respectiva y, en caso de incumplimiento a lo anterior, se procederá en términos de la Ley General de Responsabilidades Administrativas a sancionar a los servidores públicos responsables de ordenar esa publicación.

La exposición de motivos inicia con el antecedente de la segunda reforma del artículo 69-B del CFF, precisando que con fecha 25 de junio del año 2018 se publicó en el DOF el decreto por el que se reforma el artículo 69-B en cita, a fin de establecer en

11 http://sil.gobernacion.gob.mx/Archivos/Documentos/2021/04/asun_4176141_20210422_1619108615.pdf

su sexto párrafo, que la autoridad fiscal publicará en el DOF y en la página de Internet del Servicio de Administración Tributaria (SAT), trimestralmente, un listado de aquellos contribuyentes que lograron desvirtuar los hechos que se les imputan, así como de aquellos que obtuvieron resolución o sentencia firmes que hayan dejado sin efectos la resolución a que se refiere el cuarto párrafo de este artículo, derivado de los medios de defensa presentados por el contribuyente; ello a fin de dar mayor transparencia y publicidad en los procedimientos incoados a empresas que presuntamente facturan operaciones simuladas y a efecto de restablecerlos en sus derechos.

Que sin embargo, en el sexto párrafo del artículo en comento no se señaló un tiempo determinado para que la autoridad hiciera la publicación de referencia, por lo que con ello no se otorga certeza y seguridad jurídica a los contribuyentes de que, en un plazo cierto, sus nombres dejaran de publicarse en el listado de quienes se ubicaron definitivamente en el supuesto de presunción de inexistencia de sus operaciones, mucho menos que, en ese mismo plazo, se les reconozca públicamente que no están en ese supuesto.

Se estima lo anterior de acuerdo con el legislador suplente, que si bien el sexto párrafo del artículo 69-B del CFF establece que la autoridad fiscal publicará, trimestralmente, el listado que nos ocupa, lo cierto es que con ello no se prevé un plazo que otorgue certeza al contribuyente de cuándo su nombre será publicado dado que, primeramente, no se establece una consecuencia para la autoridad si no lo hace, pero además queda a su discrecionalidad decidir a quiénes incluir en ese listado.

Se llega a esa conclusión de acuerdo al legislador que propone la reforma, porque en el párrafo que se analiza no se establece que en el listado se deberán incluir a todos los contribuyentes que, en el último trimestre anterior a la publicación, hayan obtenido resolución o sentencia firme que dejó sin efectos la resolución que originó su inclusión en el listado definitivo de contribuyentes que no desvirtuaron la presunción de inexistencia de sus operaciones o que desvirtuaron los hechos que se le imputan.

Sigue diciendo le legislador, que lo anterior debe de hacer referencia al derecho de impedir, a la autoridad, la difusión de información, personal y exacta, a través de los medios oficiales cuando la información ya no tiene relevancia legal, al ser de interés público, ya que de lo contrario, se estarían excediendo los efectos de una presunción de inexistencia de operaciones que jurídicamente dejó de existir, pues mientras el contribuyente siga publicado en esas conocidas "listas negras" del SAT, está impedido legalmente para realizar actividad económica de cualquier índole, además continúa con la afectación a su reputación.

Por tanto, es derecho de todo contribuyente, atendiendo a los principios de legalidad, inmediatez y alcance de las resoluciones o sentencias jurisdiccionales, que su nombre se quite de manera inmediata de las "listas negras" de la autoridad fiscal, así como que se le publique como un contribuyente que desvirtuó los hechos que se le imputaron u obtuvo resolución o sentencia firme, restituyéndole legítimamente en sus derechos afectados.

Así, existen casos de contribuyentes que obtuvieron resoluciones o sentencias firmes, pero, sin embargo, la autoridad es omisa en quitar *(sic)* su nombre del listado definitivo a que hace referencia el artículo 69-B del CFF y tampoco ha publicado, en la página de Internet del SAT ni en el DOF, que es un contribuyente que desvirtuó el supuesto de inexistencia de sus operaciones o que obtuvo resolución o sentencia que dejó sin efectos tal supuesto.

Actualmente *-22 de abril de 2021-*, el sexto párrafo del artículo 69-B del CFF no establece un plazo para que la autoridad restituya en el goce de sus derechos al contribuyente y menos una sanción si no lo hace.

Por lo tanto, lo que se propone es modificar el sexto párrafo del artículo 69-B del CFF a fin de otorgar certeza y seguridad jurídica a los contribuyentes que lograron desvirtuar los hechos que se les imputan o que obtuvieron resolución o sentencia firme que dejó sin efectos la presunción de inexistencia de sus operaciones.

Se estima necesario incluir en el citado sexto párrafo, un plazo cierto para que la autoridad cumpla con realizar la publicación que nos ocupa, lo cual tendrá que realizar a más tardar en los primeros quince días del mes siguiente a aquél en que se hayan desvirtuado los hechos o quedado firme la resolución o sentencia respectiva y que, en caso de incumplimiento se procederá en contra de los servidores públicos responsables de ordenar esa publicación, en términos de la Ley General de Responsabilidades Administrativas.

Con esta iniciativa se propone otorgar certeza y seguridad jurídica a los contribuyentes que dejaron de ubicarse en el supuesto definitivo a que se refiere el artículo 69-B del CFF, para que se quite *(sic)* su nombre de ese listado en un plazo cierto, además, que en ese mismo plazo exista el reconocimiento público de la autoridad fiscal de ese hecho, a través de los mismos medios de difusión en los que hizo público que el contribuyente se ubicó en el supuesto de presunción de inexistencia de sus operaciones, a fin de restablecerle en sus derechos en el menor tiempo posible, finaliza el legislador.

La propuesta es buena, ve por el contribuyente que al final logra salir de dichos listados, sin embargo, la política del estado actual no vela por ellos, como bien lo hizo este legislador michoacano que estuvo en funciones hasta el siguiente 30 de mayo del año 2021, quién en entrevista manifiesta que la iniciativa, fue acogida muy bien dentro del "parlamento", sin embargo se detuvo el proceso legislativo por haber concluido el periodo legislativo, no alcanzando a promoverla, para su pronta discusión y aprobación dentro de la Comisión de Hacienda y Crédito Público, quedando pendiente en la Comisión de Origen, para así pasarla al pleno, en un periodo extraordinario de sesiones; considera que dicho proyecto se encuentra vigente, para que algún integrante de la Cámara de Diputados pudiera hacerla suya, y si así fuere, se tendrá la oportunidad de corregir la laguna de ley y/o ficción de ley, contribuyendo a la legalidad y certeza jurídica en beneficio de los contribuyentes.

Mediante publicaciones en el DOF de fechas tres y once de marzo del año 2022, consistentes en la resolución que reforma y adiciona las Disposiciones de carácter general a que se refiere el artículo 115 de la Ley de Instituciones de Crédito (LIC) y el Decreto por el que se adiciona el artículo 116 Bis 2 de la LIC respectivamente, establece una obligatoriedad para la Secretaría de Hacienda y Crédito Público (SHCP) a través de la Unidad de Inteligencia Financiera (UIF) de eliminar de la "Lista de Personas Bloqueadas al Sistema Financiero Mexicano" a los contribuyentes que se ubiquen en el supuesto previsto en este sexto párrafo del artículo 69-B del CFF que ahora comentamos.

Así como las instituciones de crédito podrán suspender de forma inmediata cualquier tipo de operación con aquellos gobernados que se ubiquen en el supuesto previsto en el párrafo cuarto del artículo 69-B del CFF conforme a la Disposición 71ª fracción VII, es decir, respecto de aquellos contribuyentes que hayan sido incluidos en la lista definitiva de presunción de inexistencia por las operaciones amparadas en los comprobantes fiscales digitales por internet que emiten, la Disposición 74ª [12] de carácter general a que se refiere el artículo 115 de la Ley de Instituciones de Crédito, fue adicionada con una fracción V[13], que consigna un deber de la SHCP por medio de la UIF, consistente en eliminar de la "Lista de Personas Bloqueadas" (*sic*), a las personas que se encuentren en el supuesto del párrafo sexto ahora comentado, del artículo 69-B del CFF.

---

12 74ª.- La Secretaría deberá eliminar de la Lista de Personas Bloqueadas a las personas que: (…)".

13 "(…) V. Se encuentren en el supuesto del párrafo sexto del artículo 69-B del Código Fiscal de la Federación".

Capítulo VII

Séptimo párrafo:

Si la autoridad no notifica la resolución correspondiente, dentro del plazo de cincuenta días, quedará sin efectos la presunción respecto de los comprobantes fiscales observados, que dio origen al procedimiento.

PÁRRAFO	TEXTO ORIGINAL	REFORMA 1	REFORMA 2
VII		Si la autoridad no notifica la resolución correspondiente, dentro del plazo de cincuenta días, quedará sin efectos la presunción respecto de los comprobantes fiscales observados, que dio origen al procedimiento.	

Párrafo adicionado mediante publicación en el Diario Oficial de la Federación en fecha 25 de junio del año 2018, texto que permite inferir que la manifestación expresa del quinto párrafo del artículo 69-B del Código Fiscal de la Federación (CFF), se debe interpretar en el sentido de que solo los comprobantes fiscales observados son los que efectivamente quedan sin efectos; párrafo que a la letra indica lo siguiente:

> "Los efectos de la publicación de este listado serán considerar, con efectos generales, que las operaciones contenidas en los comprobantes fiscales expedidos por el contribuyente en cuestión no producen ni produjeron efecto fiscal alguno.".

La adición de este séptimo párrafo deriva de la reforma publicada en el Diario Oficial de la Federación (DOF) el 25 de junio del año 2018, con un inicio de vigencia de acuerdo con su Artículo Primero Transitorio, de treinta días siguientes al de su publicación en el DOF, esto es, el 25 de julio de ese mismo año.

Con este nuevo párrafo, nos encontramos en presencia de una caducidad "especial" limitada a un plazo de cincuenta días para emitir y notificar la resolución fiscal que determine la situación fiscal del contribuyente presuntamente emisor de comprobantes fiscales con operaciones inexistentes, lo que no sucedía hasta antes de la reforma, esto es, todas las determinaciones dictadas antes del 25 de julio del año 2018 cuentan con un vicio, que, de hacerlo valer en su momento, dará lugar a la nulidad de dicha resolución, al violentar la garantía de seguridad jurídica del contribuyente, ya que hasta antes de dicha fecha, la laguna de ley existente en el artículo 69-B del CFF permite considerar que el numeral es inconstitucional por violar la garantía de seguridad jurídica y, como consecuencia, esa norma por el vicio presentado, no se debe aplicar en perjuicio del gobernado.

Ahora con el plazo de cincuenta días designado por el legislador federal, se estima adecuado y suficiente para que la autoridad determine la situación fiscal del contribuyente y le notifique, permitiéndole cumplir con el principio de inmediatez, para dar legalidad al acto y brindar seguridad jurídica al interesado; sin que sea aplicable el artículo 67 del CFF, que establece un plazo de cinco años para que opere la caducidad de las facultades de las autoridades fiscales para determinar contribuciones o aprovechamientos omitidos y sus accesorios, así como para imponer sanciones por infracciones a las disposiciones fiscales, en virtud de que no se está dentro del procedimiento de fiscalización previsto en las fracciones II, III y IX del artículo 42 del CFF.

Estas facultades tienen lugar con posterioridad a que se notifica dicha resolución mediante la cual se considera que el estatus de presunto emisor, pasa a ser la de un emisor definitivo de este tipo de comprobantes fiscales con operaciones inexistentes; aclarando que el inicio de las anteriores facultades de comprobación, van encaminadas al receptor de los comprobantes controvertidos, ya que en la práctica no se visualiza un acto de molestia de este tipo al emisor ya considerado como emisor definitivo.

Capítulo VIII

Octavo párrafo:

Las personas físicas o morales que hayan dado cualquier efecto fiscal a los comprobantes fiscales expedidos por un contribuyente incluido en el listado a que se refiere el párrafo cuarto de este artículo, contarán con treinta días siguientes al de la citada publicación para acreditar ante la propia autoridad, que efectivamente adquirieron los bienes o recibieron los servicios que amparan los citados comprobantes fiscales, o bien procederán en el mismo plazo a corregir su situación fiscal, mediante la declaración o declaraciones complementarias que correspondan, mismas que deberán presentar en términos de este Código.

PÁRRAFO	TEXTO ORIGINAL	REFORMA 1	REFORMA 2
VIII	Las personas físicas o morales que hayan dado cualquier efecto fiscal a los comprobantes fiscales expedidos por un contribuyente incluido en el listado a que se refiere el párrafo tercero de este artículo, contarán con treinta días siguientes al de la citada publicación para acreditar ante la propia autoridad, que efectivamente adquirieron los bienes o recibieron los servicios que amparan los citados comprobantes fiscales, o bien procederán en el mismo plazo a corregir su situación fiscal, mediante la declaración o declaraciones complementarias que correspondan, mismas que deberán presentar en términos de este Código.		

Cuestionada la indefinida jurídicamente "materialidad" de alguna operación consignada en un comprobante fiscal digital por internet –incluso por la vía de una presunción legal–, el inconforme con tal cuestionamiento debe entonces demostrar que ha sido precisamente la persona emisora de dicho comprobante –directa o indirectamente (a través de esquemas de subcontratación)–, quien ha prestado los servicios o producido, comercializado y/o entregado los bienes amparados en el comprobante, en favor de la persona receptora del citado documento.

A partir de la segunda publicación en el Diario Oficial de la Federación (DOF), las personas físicas o morales que hayan dado cualquier efecto fiscal a los comprobantes fiscales expedidos por un contribuyente, incluido en el listado, contarán con un plazo de treinta días siguientes al de la citada publicación, para acreditar ante la propia autoridad, que efectivamente adquirieron los bienes o recibieron los servicios que amparan los citados comprobantes fiscales, o bien para corregir su situación fiscal, mediante la declaración o declaraciones complementarias que correspondan. Ahora, el plazo de treinta días con el que cuentan las personas físicas o morales que hayan dado cualquier efecto fiscal a los comprobantes fiscales expedidos por un contribuyente empezará a contar a partir al día siguiente al de la publicación en el DOF.

Es aquí donde surge de facto una nueva obligación para los contribuyentes en general a partir del año 2014, estar verificando las ediciones matutinas y vespertinas de las ediciones ordinarias y extraordinarias (las que se publican en días inhábiles) del DOF, para cerciorarse si la Secretaría de Hacienda y Crédito Público, hace del conocimiento público resoluciones generales que contienen listas de sus proveedores en cuanto contribuyentes presuntos, definitivos o que hayan desvirtuado los hechos imputados en sede administrativa o jurisdiccional por haberse encontrado en alguno de los supuestos contenidos en el artículo 69-B del Código Fiscal de la Federación (CFF), como emisores de comprobantes fiscales digitales por internet (CFDIS), ya que de lo anterior, se configura otra obligación nada sencilla de cumplir: el acreditar la adquisición efectiva de los bienes y/o servicios contenidos en los CFDIS que contienen operaciones inexistentes.

En términos del presente octavo párrafo del artículo 69-B del CFF, los contribuyentes receptores que le dieron efectos fiscales a los comprobantes fiscales emitidos por un emisor señalado ya como emisor definitivo de estos, deben acreditar que efectivamente recibieron los servicios que amparan los comprobantes fiscales emitidos por sus proveedores, para lo cual deben exhibir una serie de probanzas, toda vez que el acreditamiento de un hecho o circunstancia exige que las pruebas, además de ser exhibidas, deben ser idóneas, accesibles, verosímiles de su realidad y que generen convicción; siendo que si las pruebas no cumplen con tales características, no se logrará alcanzar el acreditamiento de referencia.

Conforme a la teoría de las pruebas indirectas, de éstas se extraen inferencias que fundamentan el hecho principal a través de la demostración del hecho secundario, de ahí la importancia de ofrecer cualquier elemento probatorio para adminicularlo con otros y lograr una prueba plena; es muy alto el estándar probatorio exigible a las personas físicas o morales que hayan dado efectos fiscales a los comprobantes emitidos por los contribuyentes incluidos en el listado definitivo y que pretendan acreditar, ante la autoridad fiscal, en términos del artículo 69-B, párrafo octavo en comento, que efectivamente adquirieron los bienes o recibieron.

De conformidad con el manual de razonamiento probatorio emitido por la Dirección General de Derechos Humanos de la Suprema Corte de Justicia de la Nación, el estándar probatorio debe ser racional, ecuánime, objetivo e independiente, no hay un mayor estándar probatorio que pese sobre un contribuyente receptor, en virtud de que su proveedor en cuanto a emisor haya sido objeto de la publicación a que se refiere el artículo 69-B del CFF, sino un estándar ordinario exigible a la demostración de cualquier hecho.

De antemano, los receptores de comprobantes fiscales emitidos por un emisor considerado como definitivo, en general no se percatan de la situación en la que jurídicamente se ubican, regularmente actúan, cuando el Servicio de Administración Tributaria emite una "invitación" para efecto de corregir su situación fiscal por estar en el supuesto de haber dado efectos fiscales a los mismos en su contabilidad, con la consecuente deducción en materia del impuesto sobre la renta y el acreditamiento del impuesto al valor agregado; siendo a partir de la recepción de ésta, que promueven un medio de defensa, aportando vía el recurso administrativo de revocación previsto en el CFF, información y documentación suficiente para acreditar efectivamente la adquisición de los bienes o servicios en ellos consignados.

Es común que la autoridad administrativa al resolver el medio de defensa en sede administrativa, determine el desechamiento de éste, al considerar que lo impugnado no es una resolución definitiva que determine contribuciones, accesorios, aprovechamientos, niegue devoluciones o cause agravio particular en materia fiscal.

Tal determinación es ilegal, ya que independientemente de que se trate de una invitación, la misma sí causa una afectación en materia fiscal al contribuyente receptor de los comprobantes fiscales, pues la autoridad manifiesta su voluntad al decidir una situación jurídica concreta, derivada de una petición real y especifica que le formuló al contribuyente con consecuencias propias, porque la autoridad fiscal desestima las pruebas que presentó el contribuyente para acreditar que efectivamente adquirió los bienes o servicios recibidos que amparan los comprobantes fiscales, lo que puede traer consecuencias jurídicas para el interesado consistentes en la posible determinación de créditos fiscales, aunado a que las operaciones amparadas en los comprobantes fiscales son consideradas como actos o contratos simulados para efecto de los delitos previstos en el CFF, conforme al párrafo noveno del artículo 69-B del CFF en cita.

La Sala del Tribunal Federal de Justicia Administrativa al conocer del juicio contencioso administrativo federal regulado en la Ley Federal de Procedimiento Contencioso Administrativo

(LFPCA) que corresponda, con los elementos aportados, puede resolver de fondo el asunto planteado con el fin de observar el principio de "*litis* abierta", previsto en el artículo 1 y 50 de la LFPCA; en caso contrario, al promover el juicio de amparo directo, deberá señalarse que la Sala contaba con los elementos necesarios y suficientes para hacerlo.

Al no existir normativa alguna, ni obligatoriedad para que a los contribuyentes que le dieron efectos fiscales a los comprobantes fiscales emitidos por un emisor definitivo de comprobantes fiscales con operaciones inexistentes, la autoridad les notifique personalmente o bien mediante el buzón tributario, deberán estar muy pendientes día a día, de que sus proveedores no aparezcan listados como emisores definitivos, para que acudan en tiempo y forma a acreditar la efectiva adquisición de los bienes y/o servicios en ellos contenidos, para que no se les pueda considerar como extemporánea su apersonamiento, al haber transcurrido el plazo de treinta días siguientes al de la publicación relativa, que tienen para hacer dicho acreditamiento con los elementos de prueba e indiciarios suficientes de que lo adquirido fue real.

Muchas de las ocasiones el agotar el medio de defensa previsto en el CFF resulta obligatorio, a pesar de su optatividad, ya que de acuerdo al principio de *litis abierta*, no se pueden exhibir en el juicio de nulidad medios de prueba que debieron presentarse en el recurso administrativo; por ende, la Sala Regional del Tribunal Federal de Justicia Administrativa que conozca del juicio contencioso administrativo federal, no estará en posibilidad de valorar las probanzas aportadas de manera adicional, a las presentadas ante la autoridad fiscal durante el periodo previsto en este párrafo octavo (treinta días), si no fueron aportadas en el medio de defensa en sede administrativa.

El acudir fuera del plazo de treinta días sin duda se considerará como extemporáneo, sin posibilidad de que el órgano jurisdiccional ante quién se pueda plantear una controversia legal, pueda determinar que se violente el derecho de audiencia[14] de los contribuyentes, independientemente de que acuda en forma voluntaria, pero extemporánea, porque el artículo 69-B, octavo párrafo (quinto párrafo antes de la primer reforma a dicho numeral) del CFF, deja expeditos los derechos de los contribuyentes que dieron efectos fiscales a los comprobantes que sustentan operaciones que se presumen inexistentes, para que aquéllos acudan ante la autoridad hacendaria con el fin de comprobar que efectivamente recibieron los bienes o servicios que amparan, en los términos y en el plazo dispuesto en dicho párrafo, lo que constituye un periodo de prueba, y en caso de no lograr desvirtuar esa presunción, puede impugnar la resolución definitiva a través de los medios de defensa que estimen convenientes.

Es importante destacar que muchas ocasiones el contribuyente considerado como emisor definitivo de comprobantes fiscales con operaciones inexistentes, pudo obtener la nulidad del acto administrativo que lo determina como tal, teniendo como consecuencia favorable para el receptor de los mismos a los que les dio efectos fiscales, la nulidad del acto administrativo mediante el cual le pudieron haber considerado como insuficientes los elementos probatorios aportados para acreditar la efectiva adquisición de los bienes y/o servicios en ellos contenidos y considerados sin efectos fiscales, e incluso si le hubiesen llegado a determinar un crédito fiscal por el hecho de no haber acreditado debidamente la adquisición de los bienes y/o servicios en cita; se debe de tener especial

---

14 "PROCEDIMIENTO RELATIVO A LA PRESUNCIÓN DE INEXISTENCIA DE OPERACIONES. EL ARTÍCULO 69-B DEL CÓDIGO FISCAL DE LA FEDERACIÓN QUE LO PREVÉ, NO CONTRAVIENE EL DERECHO DE AUDIENCIA." Suprema Corte de Justicia de la Nación Registro digital: 2010274 Instancia: Segunda Sala Décima Época Materias(s): Constitucional, Administrativa Tesis: 2a./J. 133/2015 (10a.) Fuente: Gaceta del Semanario Judicial de la Federación. Libro 23, Octubre de 2015, Tomo II , página 1738 Tipo: Jurisprudencia.

atención en la tesis aislada I.10o.A.10 A (11a.)[15] dictada por el Décimo Tribunal Colegiado en materia Administrativa del Primer Circuito, que en su caso podría resultar un criterio orientador para los tribunales de dicho circuito, en perjuicio del contribuyente, si hubiese obtenido la nulidad por una determinación extemporánea.

---

15 COMPROBANTES FISCALES EMITIDOS POR UNA EMPRESA INCLUIDA EN EL LISTADO DEFINITIVO GLOBAL PREVISTO EN EL ARTÍCULO 69-B DEL CÓDIGO FISCAL DE LA FEDERACIÓN. LA DECLARATORIA DE NULIDAD DE DICHO LISTADO POR SU EMISIÓN EXTEMPORÁNEA NO CONFIGURA LA COSA JUZGADA REFLEJA NI TIENE EL ALCANCE DE IMPEDIR QUE LA AUTORIDAD EJERZA SUS FACULTADES DE COMPROBACIÓN PARA ACREDITAR LA MATERIALIDAD DE LAS OPERACIONES DE LOS CONTRIBUYENTES QUE LES HUBIERAN DADO EFECTOS FISCALES. Registro digital: 2024988. Instancia: Tribunales Colegiados de Circuito. Undécima Época. Materias(s): Administrativa. Tesis: I.10o.A.10 A (11a.). Fuente: Gaceta del Semanario Judicial de la Federación. Libro 15, Julio de 2022, Tomo V, página 4457. Tipo: Aislada

Capítulo IX

Noveno párrafo:

En caso de que la autoridad fiscal, en uso de sus facultades de comprobación, detecte que una persona física o moral no acreditó la efectiva prestación del servicio o adquisición de los bienes, o no corrigió su situación fiscal, en los términos que prevé el párrafo anterior, determinará el o los créditos fiscales que correspondan. Asimismo, las operaciones amparadas en los comprobantes fiscales antes señalados se considerarán como actos o contratos simulados para efecto de los delitos previstos en este Código.

PÁRRAFO	TEXTO ORIGINAL	REFORMA 1	REFORMA 2
IX	En caso de que la autoridad fiscal, en uso de sus facultades de comprobación, detecte que una persona física o moral no acreditó la efectiva prestación del servicio o adquisición de los bienes, o no corrigió su situación fiscal, en los términos que prevé el párrafo anterior, determinará el o los créditos fiscales que correspondan. Asimismo, las operaciones amparadas en los comprobantes fiscales antes señalados se considerarán como actos o contratos simulados para efecto de los delitos previstos en este Código.		

El primer supuesto contenido en el presente párrafo del artículo 69-B del Código Fiscal de la Federación (CFF), tendiente a determinar el o los créditos fiscales que correspondan, debe nacer invariablemente del previo inicio de facultades de comprobación contenidas en las fracciones II, III y IX del CFF, de facto la autoridad administrativa no puede en base al numeral en estudio, hacer la determinación aludida, el legislador estableció que sí se comprobaba que las operaciones que amparaban los comprobantes emitidos eran inexistentes o simuladas, ello podía dar lugar a la determinación de créditos fiscales; en ese contexto, lo que se pretende es neutralizar el esquema de adquisición o tráfico de comprobantes fiscales, centrando la atención en los contribuyentes que realizaran fraude tributario a través de dicha actividad, por lo que, si se expiden comprobantes que amparan operaciones inexistentes, es lógico que ello da lugar a la determinación de créditos fiscales, pues las operaciones amparadas son inexistentes,

El segundo supuesto, relativo a que se considerarán como actos o contratos simulados para efecto de los delitos previstos en el CFF y no identificar ninguno de los tipos contenidos en dicho ordenamiento, invariablemente nos lleva a considerar el tipo penal de defraudación fiscal, previsto en el artículo 108 del mismo ordenamiento legal y su correlativo 109; la finalidad del procedimiento detallado en el artículo en estudio, es por un lado, sancionar y neutralizar el esquema de adquisición o tráfico de comprobantes fiscales centrando la atención en los contribuyentes que realizaran fraude tributario a través de tal actividad y, por otro, evitar un daño a la colectividad garantizándole el derecho a estar informada sobre la situación fiscal de los contribuyentes que realizaran ese tipo de operaciones, a fin de que aquellos que utilizaron en su beneficio los comprobantes fiscales pudieran autocorregirse o, en su caso, acreditar que la prestación del servicio o la adquisición de bienes en realidad aconteció, para que pudieran surtir efectos fiscales dichos comprobantes.

No es dable invocar en una defensa la inaplicabilidad del numeral en estudio, específicamente la parte relativa al presente párrafo bajo el principio de que existe una norma de mayor beneficio para el contribuyente en el Derecho Civil, ya que aquí se establece considerar como actos o contratos simulados únicamente para efecto de los delitos previstos en el CFF, gozando de presunción en otras materias de ser el caso.

El artículo 2183, del Código Civil Federal, contiene un supuesto legal que se desahoga mediante un juicio de carácter civil, donde el ministerio público representa a la hacienda pública y a través de pruebas (no de presunciones) entabla una controversia en contra de las personas que estima hayan realizado actos simulados, en dicho proceso un juez imparcial es el que decide a través de una sentencia si las operaciones efectivamente son actos inexistentes o simulados, y la resolución definitiva se notifica personalmente a los implicados y no en un oficio publicado en el Diario Oficial de la Federación, por lo tanto, se podría considerar que dicho procedimiento civil es más benéfico para el gobernado que el estipulado en el artículo 69-B, del CFF, ya que el juicio civil cumple con los requisitos del artículo 14 y 16 constitucionales, en cuanto a los principios de seguridad jurídica y debido proceso, sin embargo este párrafo precisa que el efecto solo abarca la materia fiscal, dejando subsistente otras materias como la civil; aspecto de alguna manera controvertido que se puede plantear en un medio de defensa por lo contradictorio y de mayor beneficio para el Estado, que para el contribuyente.

Ha sido un criterio reiterado de algunos órganos jurisdiccionales, considerar que los contribuyentes que se ubiquen en el supuesto de este noveno párrafo, carecen de interés jurídico para solicitar la declaratoria de extinción de facultades, por transcurrir en exceso el plazo previsto en el cuarto (tercero hasta 2018) párrafo del artículo 69-B CFF, pues lo previsto en dicha porción normativa aplica para aquellos que expidieron los comprobantes cuyas operaciones se presumía inexistentes, no así para quienes los recibieron y otorgaron efectos fiscales.

Capítulo X

Décimo párrafo:

Para los efectos de este artículo, también se presumirá la inexistencia de las operaciones amparadas en los comprobantes fiscales, cuando la autoridad fiscal detecte que un contribuyente ha estado emitiendo comprobantes que soportan operaciones realizadas por otro contribuyente, durante el periodo en el cual a este último se le hayan dejado sin efectos o le haya sido restringido temporalmente el uso de los certificados de sello digital en términos de lo dispuesto por los artículos 17-H y 17-H Bis de este Código, sin que haya subsanado las irregularidades detectadas por la autoridad fiscal, o bien emitiendo comprobantes que soportan operaciones realizadas con los activos, personal, infraestructura o capacidad material de dicha persona.

PÁRRAFO	TEXTO ORIGINAL	REFORMA 1	REFORMA 2
X			Para los efectos de este artículo, también se presumirá la inexistencia de las operaciones amparadas en los comprobantes fiscales, cuando la autoridad fiscal detecte que un contribuyente ha estado emitiendo comprobantes que soportan operaciones realizadas por otro contribuyente, durante el periodo en el cual a este último se le hayan dejado sin efectos o le haya sido restringido temporalmente el uso de los certificados de sello digital en términos de lo dispuesto por los artículos 17-H y 17-H Bis de este Código, sin que haya subsanado las irregularidades detectadas por la autoridad fiscal, o bien emitiendo comprobantes que soportan operaciones realizadas con los activos, personal, infraestructura o capacidad material de dicha persona.

El presente párrafo objeto de estudio, nace de la iniciativa presentada a la cámara de diputados por el titular del Poder Ejecutivo Federal el 8 de septiembre del año 2021, donde en esencia se proponía establecer que también se presumirá la inexistencia de las operaciones amparadas en los comprobantes fiscales, cuando la autoridad fiscal detecte que un contribuyente ha estado emitiendo comprobantes que soportan operaciones realizadas por otro contribuyente, durante el periodo en el cual a este último se le hayan dejado sin efectos o le haya sido restringido temporalmente el uso de los Certificados de Sello Digital (CSD) en términos de lo dispuesto por los artículos 17-H y 17-H Bis del Código Fiscal de la Federación (CFF), sin que haya subsanado las irregularidades detectadas por la autoridad fiscal.

La adición de este décimo párrafo al artículo 69-B del CFF deriva del Decreto publicada en el Diario Oficial de la Federación (DOF) el 12 de noviembre del año 2021, con un inicio de vigencia al día 01 de enero del año 2022, de acuerdo con su Artículo Único Transitorio.

UNA SALIDA CONSTITUCIONAL PARA LOS RECEPTORES

El actual octavo párrafo del artículo es inconstitucional, porque infringe los derechos de audiencia y de defensa que tutelan los artículos 14, 16 y 17 constitucionales, pues permite que las autoridades fiscales determinen la inexistencia de operaciones y sancionen a los contribuyentes, sin que medie notificación personal respecto a que un contribuyente con quien tiene relaciones mercantiles, fue ubicado en la lista que se señala en el propio artículo 69-B del Código Fiscal de la Federación (CFF); de la lectura del precepto en estudio motivo del presente trabajo, se aprecia la existencia de dos procedimientos diversos, cuya sustanciación y propósito se describe a continuación:

PRIMERO. Procedimiento instaurado en contra de los causantes que emitieron comprobantes sin personal e infraestructura o no están localizables.

Dicho procedimiento, el cual se encuentra regulado en los primeros siete párrafos del artículo 69-B del Código Fiscal de la Federación, inicia una vez que la autoridad fiscal observó que un contribuyente ha estado emitiendo comprobantes fiscales sin contar con los activos, personal, infraestructura o capacidad material, directa o indirecta, para prestar los servicios o producir, comercializar o entregar los bienes que amparan tales comprobantes, o bien, no esté localizable; ese procedimiento se conforma de las siguientes etapas, a saber:

1. Inicio.

A través del despliegue de las facultades con que cuentan las autoridades fiscales, éstas detectan la emisión de comprobantes que presumiblemente consignan operaciones inexistentes.

2. Notificación.

Hecho lo anterior, las autoridades fiscales deben notificar al contribuyente que haya emitido los comprobantes, por buzón tributario, así como mediante publicación, tanto en la página de internet del Servicio de Administración Tributaria (SAT), como en el Diario Oficial de la Federación (DOF), a fin de que dentro del plazo de quince días manifieste lo que a su interés beneficie y aporte las pruebas que estime necesarias para acreditar la existencia de las operaciones amparadas en los comprobantes fiscales digitales por internet (CFDIS).

3. Valoración de pruebas.

La autoridad fiscal valorará los elementos aportados por el interesado y emitirá la resolución respectiva.

4. Publicación del listado de contribuyentes que no haya desvirtuado la presunción de inexistencia de operaciones.

Transcurridos treinta días contados a partir de que se practicó la notificación referida en el párrafo que antecede, se publicará dicho listado en el DOF y en la página de internet del SAT, únicamente respecto de los causantes que no hayan desvirtuado la presunción de inexistencia de operaciones.

Finalmente, debe decirse que, en términos del quinto párrafo del numeral en cita, la consecuencia de la publicación de dicho listado será la de considerar, con efectos generales, que las operaciones contenidas en los comprobantes fiscales expedidos por el contribuyente en cuestión no producen ni produjeron efecto fiscal alguno.

SEGUNDO. Procedimiento a seguirse en relación con los terceros que hayan dado efectos fiscales a los comprobantes emitidos por los causantes que se encuentre en el listado que prevé el numeral 69-B del CFF.

Por otra parte, el párrafo antepenúltimo de dicho numeral (penúltimo hasta el primero de enero del año 2022), prevé un procedimiento diverso, el cual debe seguirse en relación con los terceros que hayan dado efectos fiscales a los comprobantes de esta índole expedidos por contribuyentes que se encuentren en la lista definitiva a que se refiere el cuarto párrafo (tercer párrafo hasta el 25 de julio de 2018) de ese precepto.

Al respecto dicho párrafo antepenúltimo dispone que, las personas que hubieran dado alcances fiscales a los comprobantes expedidos por los contribuyentes incluidos en la lista definitiva, contarán con un plazo de treinta días después de la publicación del listado para acreditar que efectivamente adquirieron los bienes o recibieron los servicios considerados inexistentes por la autoridad hacendaria, o bien, corregir su situación mediante la declaración complementaria que corresponda.

A partir de las consideraciones expuestas supra líneas, queda claro que el artículo 69-B del CFF regula dos procedimientos distintos, a saber: (i) el que se encuentra previsto en los párrafos primero a séptimo de dicho precepto, el cual debe instaurarse en contra de los causantes que emitieron comprobantes fiscales sin tener personal y la infraestructura necesaria para ello o, en su caso, no están localizables; y (ii) el instituido en el párrafo antepenúltimo del numeral en cita, el cual debe seguirse en relación con los terceros que hayan dado efectos fiscales a los comprobantes emitidos por los causantes que se encuentre en el listado instituido en el numeral 69-B.

Ahora bien, si al contribuyente receptor de los CFDIS considerados con operaciones inexistentes, no se le siguió el procedimiento previsto en los primeros siete párrafos del artículo 69- B del CFF, pues dicho procedimiento se instauró al contribuyente emisor, proveedor de los bienes y/o servicios enajenados o prestados al receptor, y al ser al emisor de dichos CFDIS a quien se incluyó en la lista definitiva a que se refiere el quinto párrafo (anteriormente cuarto párrafo) del numeral en comento y, por ende, se determinó que las operaciones contenidas en los comprobantes fiscales expedidos por ella, no producen ni produjeron efecto fiscal alguno; entonces, el coontribuyente receptor es quien efectivamente se ubica en la hipótesis del párrafo antepenúltimo u octavo párrafo de dicho numeral, pues le dio efectos fiscales a los comprobantes emitidos por el contribuyente emisor.

Con lo anterior, se puede plantear la inconstitucionalidad de dicha porción normativa, considerando que:

a) El procedimiento contenido en el artículo 69-B, en sus dos etapas, constituye un acto privativo y no uno de molestia, de tal suerte que se rige por el artículo 14 constitucional.

b) El artículo 69-B del CFF, regula dos procedimientos distintos, a saber: (1) el que se encuentra previsto en los párrafos primero a cuarto de dicho precepto, el cual debe instaurarse en contra de los causantes que emitieron comprobantes fiscales sin tener personal y la infraestructura necesaria para ello o, en su caso, no están localizables; y

(2) el instituido en el párrafo octavo o antepenúltimo del numeral en cita, el cual debe seguirse en relación con los terceros que hayan dado efectos fiscales a los comprobantes emitidos por los causantes que se encuentre en el listado instituido en dicho numeral.

c) La Segunda Sala de la Suprema Corte de Justicia de la Nación, en la ejecutoria recaída al amparo en revisión 251/2015, determinó que la publicación de la lista definitiva de los contribuyentes que expiden comprobantes de operaciones inexistentes, sin contar con los elementos necesarios para realizar las operaciones que amparan (prevista en el entonces tercer párrafo (hoy cuarto párrafo) del artículo 69-B del CFF) sí respeta la garantía de audiencia, lo que conlleva la consideración implícita de que esa publicación constituye un acto privativo y no uno de molestia, pues de otro modo no podría explicarse la aseveración relativa a que esa porción normativa respeta dicha garantía.

d) Sin embargo, las razones por las que la Segunda Sala en cita, consideró que dicha publicación definitiva, en relación con el contribuyente contenido en ese listado, sí respeta la garantía de audiencia, es porque previamente a su emisión, se prevé la notificación al contribuyente (vía buzón tributario, a través de la página de internet del SAT, así como mediante publicación en el DOF) a fin de que éste manifieste ante la autoridad fiscal lo que a su derecho convenga y aporte la documentación e información que considere pertinentes para desvirtuar los hechos que llevaron a la autoridad a notificarlos.

e) Esas razones no son aplicables a los terceros que dieron efectos a los comprobantes emitidos por los contribuyentes, pues la norma únicamente prevé como medio para que se enteren de que un contribuyente con quien celebraron operaciones se encuentra ubicado en el listado definitivo y que, por ende, los comprobantes fiscales expedidos por éste no producen ni produjeron efecto fiscal alguno; la publicación relativa en la página de internet del SAT, así como en el DOF.

f) Tales publicaciones son insuficientes para considerar que el procedimiento en mención satisface la garantía de audiencia, pues la notificación de que se trata debe permitir establecer, con la suficiente de certeza, que el gobernado a quien se dirige la comunicación tendrá conocimiento de su contenido y, por ende, que está en posibilidad de apersonarse al procedimiento a fin de ejercer su derecho de defensa.

g) Asumir una posición contraria, implicaría imponer a los terceros, el deber de consultar permanente tales publicaciones, a fin de conocer si algún contribuyente que les prestó servicios o del que adquirieron bienes, se encuentra en el listado definitivo a que se refiere el artículo 69-B del CFF y, por ende, que sus operaciones se presumen como inexistentes y los comprobantes fiscales que les expidió, no producen ni produjeron efecto alguno.

h) Dicho imperativo es excesivo, tomando en cuenta que, en el caso del contribuyente incluido en el listado, la norma sí prevé su notificación personal (mediante buzón tributario) de manera previa a la determinación definitiva de que se ubica en el supuesto previsto en el primer párrafo del artículo 69-B del CFF, además de la publicación tanto en la página de internet del SAT, como en el DOF.

i) Además, la autoridad hacendaria, tomando en cuenta los datos con que cuenta en sus sistemas informáticos, fácilmente puede acceder a la información relacionada con la identidad y domicilio de los terceros que tuvieron operaciones con un contribuyente ubicado en la lista que señala el artículo 69-B del CFF.

j) En suma, el procedimiento aplicable a los terceros que dieron efectos a los comprobantes emitidos por los contribuyentes, previsto en el artículo 69-B del CFF, transgrede el derecho de audiencia, previsto en el artículo 14 de la Constitución.

k) No obsta que dicho procedimiento esté desarrollado en la regla I.1.5 de la Primera Resolución de Modificaciones a la Resolución Miscelánea para dos mil catorce [de similar redacción a la regla 1.5 de la Resolución Miscelánea Fiscal para dos mil diecinueve y subsecuentes] en donde se señala el plazo para que la autoridad dé a conocer al gobernado el resultado de la valoración de las pruebas y defensas ofrecidas; porque dicha regla viola los principios de reserva de ley y de subordinación jerárquica:

- El primero de esos principios consiste en que una norma constitucional reserva expresamente a la ley la regulación de una determinada materia, con lo que excluye la posibilidad de que los aspectos de esa reserva sean desarrollados por disposiciones de distinta naturaleza, de manera que los ordenamientos de inferior rango no pueden regular por sí mismos cuestiones que no están contenidas en la ley y respecto de las cuales no se haga una remisión expresa para que establezcan previsiones al respecto.

- Mientras que el segundo principio consiste en que el ejercicio de dicha facultad no puede modificar o alterar el contenido de una ley, esto es, las reglas generales administrativas [como las resoluciones misceláneas fiscales] tienen como límites naturales precisamente los alcances de las disposiciones que dan cuerpo y materia a la ley que reglamentan, detallando o concretando sus hipótesis y supuestos normativos de aplicación, sin que esté permitido que a través suyo una disposición de esa naturaleza establezca mayores requisitos o imponga distintas limitantes que la propia ley que ha de reglamentar.

- Se excluye la posibilidad de que los aspectos de la reserva de ley sean regulados por disposiciones de naturaleza distinta a la ley, en tanto no se haga una remisión expresa para que establezcan previsiones al respecto.

l) Así pues, una regla general administrativa, como lo es una resolución miscelánea fiscal, no puede alterar o modificar el contenido de la ley, sino sólo detallar sus hipótesis y supuestos normativos de aplicación, sin contener mayores posibilidades o imponer distintas limitantes a las de la propia ley.

m) En el caso en estudio, el procedimiento de presunción de operaciones inexistentes previsto en el artículo 69-B del CFF, específicamente, en el actual octavo párrafo, no puede ser alterado o modificado a través de una regla miscelánea fiscal, en razón de que el legislador no hizo una remisión expresa para que estableciera previsiones al respecto, de tal suerte que no puede establecer aspectos adicionales.

Precisado lo anterior, el planteamiento que se realice al órgano jurisdiccional competente, tendrá como consecuencia el considerar que le asiste la razón jurídica al contribuyente quejoso, al afirmar que el hoy antepenúltimo párrafo del numeral 69-B del CFF, es inconstitucional, pues infringe los derechos de audiencia y de defensa que tutelan los artículos 14, 16 y 17 constitucionales, pues permite que las autoridades fiscales determinen la inexistencia de operaciones y sancionen a los contribuyentes, sin que medie notificación personal respecto a que un contribuyente con quien tiene relaciones mercantiles, fue ubicado en la lista que se señala en el propio artículo 69-B del CFF.

La buena fe del contribuyente

En torno al estándar probatorio exigible para la demostración de la indeterminada jurídicamente "materialidad" de operaciones sobre las que pesa una presunción de inexistencia, partiendo de lo dispuesto en el artículo 6 del Código Fiscal de la Federación (CFF), así como 21 de la Ley Federal de los Derechos del Contribuyente, del cual se desprende que el sistema fiscal mexicano se sustenta en una premisa de buena fe, pues, en principio, corresponde a los propios contribuyentes la determinación de las contribuciones, que se causan conforme se realizan las situaciones jurídicas o, de hecho, previstas en las leyes fiscales y, por ende, los documentos en que los tributantes sustentan esa autodeterminación, se presumen existentes y legales tanto en forma como en contenido; sin perjuicio de que, a efecto de corroborar lo declarado y consignado en ellos, las autoridades ejerzan sus facultades de comprobación, desarrollen esquemas de presunción legal, o bien, formulen los requerimientos que juzguen pertinentes para revelar la certeza de las operaciones que de ordinario se consignan en los comprobantes fiscales.

Posibilidad que ha sido reconocida por la Suprema Corte de Justicia de la Nación (SCJN), al estimar que, si las autoridades fiscales consideran que los comprobantes exhibidos por un contribuyente no amparan la transacción realizada, pueden requerir la información necesaria y, en su caso, no acceder a la pretensión –deducción o acreditamiento– del contribuyente.

Lo anterior se corrobora con la jurisprudencia, 2a./J. 87/2013 (10a.), de la Segunda Sala de la Suprema Corte de Justicia de la Nación, de rubro y texto siguientes: "*COMPROBANTES FISCALES. SU VALOR PROBATORIO CUANDO EL CONTRIBUYENTE QUE LOS EXPIDIÓ NO SE ENCUENTRA LOCALIZABLE [ABANDONO DE LA JURISPRUDENCIA 2a./J. 161/2005].*".

Relacionado con lo anterior, resulta relevante el concepto de "materialidad", respecto del cual, la SCJN, al resolver la contradicción de tesis 405/2018, en lo que interesa, estableció que la sola exhibición de la contabilidad, documentación e información proporcionada a la autoridad hacendaria, no genera en automático la procedencia de las pretensiones del contribuyente, sino que está sujeta a la comprobación, en el plano fáctico, de las actividades u operaciones que soportan.

Lo que se corrobora con la jurisprudencia 2a./J. 78/2019 (10a.), de la Segunda Sala, de contenido siguiente: 22 Registro digital: 2003939. Instancia: Segunda Sala. Tipo: Jurisprudencia 14/11/23 Amparo directo 172/2022 67 *"FACULTADES DE COMPROBACIÓN. AL EJERCERLAS LA AUTORIDAD FISCAL PUEDE CORROBORAR LA AUTENTICIDAD DE LAS ACTIVIDADES O ACTOS REALIZADOS POR EL CONTRIBUYENTE, A FIN DE DETERMINAR LA PROCEDENCIA DE SUS PRETENSIONES, SIN NECESIDAD DE LLEVAR A CABO PREVIAMENTE EL PROCEDIMIENTO RELATIVO A LA PRESUNCIÓN DE INEXISTENCIA DE OPERACIONES PREVISTO EN EL ARTÍCULO 69- B DEL CÓDIGO FISCAL DE LA FEDERACIÓN."*.

De tal manera que dicha documentación puede sujetarse a un escrutinio con el propósito de verificar la autenticidad, ejecución y realización material de las particulares transacciones, actividades u operaciones que informa.

Por ello, se entiende que el indeterminado concepto de "materialidad" corresponde a un concepto que invoca a la cualidad comprobable de las operaciones fiscalmente relevantes –para efectos de ingreso, deducción o acreditamiento, entre otros–, de manera que no exista duda sobre su real ejecución o existencia en el plano de los hechos.

Ahora, de los artículos 28, fracción I, del CFF, así como 33 de su Reglamento, se advierte que la contabilidad se integra, entre otros elementos, con los libros, papeles de trabajo, estados de cuenta, pólizas de ingreso y egreso, controles de inventarios, materias primas, productos en proceso y terminados, información y documentación relacionada con el cumplimiento de las disposiciones fiscales, documentación relacionada con la contratación de personas que presten servicios personales subordinados, documentación relativa a importaciones y exportaciones, así como por los diversos asientos y registros de las operaciones e inversiones del contribuyente, debiendo ser analíticos y precisar las características de éstas, así como encontrarse relacionados con su documentación comprobatoria.

El concepto de –documentación comprobatoria–, refiere precisamente a la información documental que, integrada al asiento contable de que se trate, sirve para confirmar o comprobar la veracidad del registro, y cuyo contenido no puede preverse por el legislador en forma anticipada y taxativa, dada la enorme posibilidad de interacciones comerciales y la peculiaridad que su configuración pueda llegar a suponer en el contexto de cada contribuyente.

Así, es válido entender que la indeterminadad "materialidad" de alguna operación podrá llegar a ser acreditada en la medida que los elementos contables preservados por el contribuyente sean idóneos para proyectar, de una manera racional y suficientemente objetiva, la verosimilitud de la operación cuestionada; esto, siempre que los datos aportados por aquél, apreciados en conjunto y de manera coherente, permitan confirmar válidamente esa creencia, frente a las objeciones que al respecto formule la autoridad fiscal.

Luego, resulta posible que la autoridad tributaria verifique si se realizaron las situaciones jurídicas o de hecho a las que los contribuyentes pretenden otorgar efectos fiscales, apoyándose en datos, comportamientos, situaciones particulares, documentos e información aportados por los sujetos requeridos, visitados o los terceros con ellos relacionados, e incluso, en lo observado en las bases de datos con que cuenta la fiscalizadora en términos del artículo 63 del CFF.

En tales casos, cobran relevancia los medios de convicción de los que se alleguen las autoridades para desvirtuar la presunción de existencia y legalidad tanto de los documentos exhibidos, como de los hechos asentados en éstos.

De ese modo, sobre la base de un criterio racional y objetivo, la autoridad tributaria, en el marco de los mecanismos de presunción legalmente establecidos –como pudiere serlo el agotamiento del esquema establecido en el artículo 69-B del Código Tributario Federal–, así como de sus atribuciones de auditoría o verificación, puede llegar a inferir la falta de "materialidad" de las operaciones de los contribuyentes, incluso a través de mecanismos de presunción humana –con apoyo en una pluralidad de indicios acreditados y coherentes entre sí–[16].

Sin embargo, dicho ejercicio, para no ser arbitrario o francamente caprichoso, debe contener la explicación sobre cuáles son los elementos, indicios, comportamientos de riesgo[17], inconsistencias, o bien, las deficiencias comprobatorias detectadas en la contabilidad del auditado que, advertidos por la autoridad frente a una particular operación, desvirtúan su verosimilitud, lo que ha de justificarse caso a caso, para garantizar el derecho de defensa del contribuyente.

Esto es, en el escrutinio –de "materialidad"– referido, no se busca sancionar al contribuyente por la falta de cumplimiento técnico a las normas de contabilidad, sino por la incapacidad de éste, apreciado en su conjunto, para proyectar credibilidad en sus operaciones.

Entonces, cuestionada la operación que ampara el comprobante, atendiendo a la carga probatoria del juicio contencioso

---

16 Mecanismo de razonamiento acorde con el artículo 190, fracción II, del Código Federal de Procedimientos Civiles, de aplicación supletoria al Código Fiscal de la Federación.

17 Piénsese, por solo citar un caso, en el proveedor que a pesar de emitir comprobantes fiscales que amparan operaciones por cuantiosas sumas de dinero, revela un historial de ausencia absoluta o precaria de activos, infraestructura, o personal para desarrollar tales labores.

administrativo federal[18], corresponde al demandante aportar los argumentos y medios de prueba que estime eficaces para demostrar su "materialidad"; sin que dicha obligación, desde luego, se traduzca en que el auditado proporcione documentación que, por su naturaleza, le resulte legalmente inaccesible, sino en la aportación de elementos en su poder que, derivados de la relación comercial con sus proveedores, las características y profundidad de su contabilidad, así como de la mayor o menor minuciosidad de sus controles administrativos, evidencien que las operaciones que declara al fisco sí fueron llevadas a cabo y no se trata de "operaciones de papel".

Lo anterior lleva a la necesidad de formular un estándar probatorio para acreditar la "materialidad" de una operación, esto es, establecer el grado de corroboración necesario para considerar que la operación amparada por un comprobante realmente existió.

Para ello, debe tenerse presente que el escrutinio de "materialidad" confronta dos hipótesis contendientes: por un lado, la falsedad de una operación determinada y, por otro, su veracidad o "materialidad", por lo que el estándar de prueba, en uno u otro caso, exige corroborar que la hipótesis respectiva sea más probablemente verdadera que la contraria, a la luz de los elementos de juicio aportados tanto por la autoridad como por la persona contribuyente, apreciados en forma conjunta y coherente.

Por lo anterior, se debe considerar que no hay un mayor estándar probatorio que pese sobre el contribuyente receptor, para vencer la presunción de inexistencia respecto de las operaciones celebradas con un proveedor que se encuentre en la lista a que se refiere el artículo 69-B del CFF.

---

18 De acuerdo con el artículo 42 de la Ley Federal de Procedimiento Contencioso Administrativo, las resoluciones y actos administrativos se presumen legales.

El órgano jurisdiccional que resuelva una controversia sobre el presente estudio, al momento de la valoración de las pruebas, en realidad debe aplicar un estándar probatorio adecuado, ya que el simple análisis del material probatorio aportado por la actora o quejosa, para determinar si corroboran suficientemente la hipótesis de "materialidad", trascenderá a la manera en que llevó a cabo la valoración de las pruebas; sin olvidar que en el contencioso administrativo federal, son admisibles toda clase de pruebas, entre la que se encuentra la pericial; sin embargo, las reglas para la valoración de las pruebas, específicamente disponen que el valor de las pruebas pericial y testimonial quedará a la prudente apreciación de la sala que tenga a cargo el dictado de la sentencia en sede jurisdiccional.

El ofrecimiento, el desahogo y la valoración de una prueba pericial, atiente a reglas específicas; y en ese sentido, su admisión no implica que tenga por sí misma el valor probatorio que la oferente pretende, ni mucho menos que la idoneidad de su admisión determine su valor, pues precisamente será después de su desahogo y a partir de la valoración que el juzgador le otorgue, que se podrá determinar si con la misma se pudo conocer la verdad material que se pretende.

Tópicos para considerar en una defensa

Verificar que quien certifica la documentación bancaria proporcionada por la Comisión Nacional Bancaria y de Valores, sea un "funcionario autorizado de la institución de crédito", cuyo nombramiento esté inscrito en el Registro Público de Comercio, no así por un apoderado legal de la institución bancaria, que en la mayoría de las ocasiones no es funcionario bancario, en términos de lo establecido en los artículos 1, 2, 46, 90, 99 y 100 de la Ley de Instituciones de Crédito, ya que ante la ausencia de lo anterior, carecerian de valor probatorio.

En la materia que nos ocupa, de conformidad con el artículo 79 de la Ley de Amparo vigente, no opera la suplencia en la deficiencia de los conceptos de violación hechos valer en un juicio de amparo si la sentencia reclamada no se funda en normas generales que hayan sido declaradas inconstitucionales por jurisprudencia de la Suprema Corte de Justicia de la Nación, o por los Plenos de Circuito; si el juicio no versa sobre menores, incapaces o desarrollo de la familia, si no se relaciona con las materias penal, agraria o laboral; ni se advierte la existencia de alguna violación manifiesta de la ley que haya dejado sin defensa a la quejosa respecto de los derechos a que se refiere el artículo 1° de la citada Ley; así como cuando tampoco se advierta que la promovente se encuentre en condiciones de pobreza o marginación a grado tal que padezca una clara desventaja social para su defensa en el juicio.

La palabra "materialidad" es un concepto que se encuentra indefinido jurídicamente por el legislador, razón por la cual se sugiere no sea utilizada, independientemente que diversos organos jurisdiccionales e incluso la autoridad administrativa misma, hagan uso de la misma en el dictado de sus resoluciones e incluso al integrar jurisprudencia; para efectos, es válido entender que la "materialidad" de alguna operación podrá llegar a ser acreditada en la medida que los elementos contables preservados por el contribuyente sean idóneos para proyectar, de una manera racional y suficientemente objetiva, la verosimilitud de la operación cuestionada; esto, siempre que los datos aportados por aquél, apreciados en conjunto y de manera coherente, permitan confirmar válidamente esa creencia, frente a las objeciones que al respecto formule la autoridad fiscal.

El haber dado efectos fiscales por parte del receptor, a los comprobantes señalados como comprobantes fiscales digitales por internet (CFDIS) con operaciones inexistenes generados por el emisor, se acredita con la declaración anual del ejercicio en materia de impuesto sobre la renta, con los pagos mensuales en materia del impuesto al valor agregado, integrando e identificando en un papel de trabajo los rubros relativos a deducciones autorizadas declaradas, para efectos de la primera contribución y tocante el impuesto pagado por la compra del bien o del servicio prestado en su caso para efectos de la segunda contribución, motivo del acreditamiento que se hace mes con mes, vinculados conlos CFDIS cuestionados.

Para evitar que la autoridad administrativa determine de inoperantes los argumentos que se puedan plantear o que señale en materia de pruebas que lo aportado es insuficiente para acreditar la existencia de activos, infraestructura, personal para enajenar o tocante a la adquisición del bien o del servicio contenidos en los CFDIS cuestionados, es importante llevarla de la mano en la valoración respectiva, de forma conjunta, armónica, adminiculando las pruebas que se aporten y no realizar manifestaciones genéricas, en el mismos sentido es dable considerar plantear que se demuestra o que se pretende demostrar con cada prueba y cuál es el alcance probatorio que debe otorgarsele a cada una de las pruebas aportadas, teniendo en consideración que la veracidad de su contenido debe demostrarse con otras pruebas, ya que éstos pueden hacer prueba de la existencia de la declaración en ellos contenida, más de los hechos declarados, por lo que es necesario otros medios probatorios, para que relacionados entre permita generar convicción acerca de la realidad de los hechos plasmados en los documentos exhibidos.

A raíz del nacimiento de la jurisprudencia 2a./J. 161/2019, de rubro: *"DOCUMENTOS PRIVADOS. DEBEN CUMPLIR CON EL REQUISITO DE "FECHA CIERTA" TRATÁNDOSE DEL EJERCICIO DE LAS FACULTADES DE COMPROBACIÓN, PARA VERIFICAR EL CUMPLIMIENTO DE OBLIGACIONES FISCALES DEL CONTRIBUYENTE."*, se sugiere que las operaciones relevantes de los contribuyentes, sean ratificadas ante fedatario público y se integren elementos propios como el CFDI respectivo, datos de la transferencia bancaria de pago, identificación oficial vigente de los contratantes, constancia de situción fiscal de quienes intervengan en la operación, imágenes o ligas electrónicas donde se encuentren almacenados videos de las citadas operaciones, pedimentos de importación en su caso, con la finalidad de generar convicción plena de la adquisición efectiva del bien y/o servicio de que se trate.

La confesional, la testimonial, la inspección y las periciales en diversas materias, son elementos importantes a considerar en una defensa contra la determinación de inexistencia de operaciones, lo anterior permitirá dar certeza a la autoridad de que efectivamente se realizó la operación de conformidad con lo establecido en el artículo 203 del Código Federal de Procedimientos Civiles de aplicación supletoria; la no consideración de todas las pruebas en la sentencia que se dicte en el asunto, constituye una transgresión a los derechos fundamentales de legalidad y seguridad jurídica, así como al principio de exhaustividad, pues las partes en el juicio tienen derecho a que el órgano jurisdiccional tome en cuenta, al momento de dictar la sentencia definitiva, la totalidad de las pruebas que éstas hayan ofrecido, pudiendo otorgarle el valor probatorio que estime legalmente correspondiente, pero sin dejar de pronunciarse sobre las mismas, pues su oferente debe conocer las razones del tribunal por las que éste considere que la prueba de que se trate resulta útil o no, al fin propuesto.

Tocante a los alegatos en un juicio contencioso administrativo federal, los argumentos vertidos en el escrito de alegatos, no deben reiterar los argumentos expuestos en el escrito de demanda, sin materializar alegatos de bien probado, los cuales se configuran con la exposición metódica y razonada de los hechos afirmados en la demanda, las pruebas aportadas para demostrarlos, el valor de esas pruebas, la impugnación de las pruebas aportadas por el contrario, la negación de los hechos afirmados por la contraparte, las razones que se extraen de los hechos probados, y las razones legales y doctrinarias que se aducen a favor del derecho invocado.

Con relación al recurso de revisión[19] previsto en la Ley Federal de Procedimiento Contencioso Administrativo en su artículo 63 fracción II, encaminado a revertir los efectos de una sentencia dictada por alguna de las salas del Tribunal Federal de Justicia Administrativa, las cáracteristicas de importancia y trascedencia no se colman; un asunto es importante cuando se trata de un caso excepcional, lo que se advierte cuando los argumentos no pueden convenir en la mayoría o a la totalidad de asuntos, debido a su importancia por su gran entidad o consecuencia, mientras que un asunto es trascendente en función de los resultados de índole grave que puedan derivarse de su resolución; estos requisitos, por virtud de la redacción del numeral que los prevé, son concurrentes de manera que, ante la ausencia de alguno de ellos, el recurso evidentemente resultará improcedente.

Es una práctica oficiosa e indebida el actuar de la autoridad fiscal en la construcción de la presunción de inexistencia de operaciones, máxime cuando el contribuyente exhibe diversos elementos probatorios, que advierten la existencia de recursos humanos y materiales que refiere tuvo en los periodos revisados, los cuales no son valorados debidamente por la autoridad fiscalizadora, lo cual evidencia la indebida motivación de la resolución originalmente recurrida.

Para efecto de acreditar por parte del contribuyente receptor, la compra de los bienes y/o servicios prestados, contenidos en los CFDIS a los que les dio efectos fiscales, es conveniente

---

19 Indebidamente denominado cómo "revisión fiscal".

acreditarle a la autoridad administrativa las circunstancias de modo tiempo y lugar de dichas operaciones, esto corresponde a pruebas "de cargo directas" o "prueba directa", pues se pretende indagar sobre la veracidad de ciertos hechos; sin embargo, cuando un hecho no puede ser acreditado de manera directa, es decir, a través de la prueba directa para demostrar las circunstancias de modo tiempo y lugar, entonces debe recurrirse a la prueba indirecta o indiciaria, pues de lo contrario se volvería nugatorio el derecho a probar, sobre todo en la parte débil en la contienda litigiosa, considerando que existen sucesos que no pueden demostrarse de manera directa, por existir algún tipo de impedimento, es ahí donde se debe recurrir a la prueba indirecta.

No se le puede exigir, por parte de la autoridad administrativa al contribuyente, la obtención y ofrecimiento de pruebas omnímodas o desorbitadas que exagere los extremos de probar, más cuando un hecho probado por dicha autoridad, derivó de un modelo de prueba distinto al exigido al contribuyente generandole una ventaja; por otro lado, en materia de contratos no debe perderse de vista que, una cuestión contractual entre dos particulares no puede imponer obligaciones fiscales.

El antepenúltimo párrafo (hasta el 25 de julio de 2018 identificado como penúltimo) del numeral 69-B del Código Fiscal de la Federación (CFF), es inconstitucional, pues infringe los derechos de audiencia y de defensa que tutelan los artículos 14, 16 y 17 constitucionales, pues permite que las autoridades fiscales determinen la inexistencia de operaciones y sancionen a los contribuyentes, sin que medie notificación personal respecto a que un contribuyente con quien tiene relaciones mercantiles, fue ubicado en la lista que se señala en el propio artículo 69-B del CFF.

Un contribuyente considerado como emisor definitivo de CFDIS con operaciones inexistentes, puede solicitar a partir de la publicación del oficio global en el Diario Oficial de la Federación el amparo y protección de la Justicia de la Unión, por darse con dicha publicación el primer acto de aplicación de las publicaciones en el DOF de fechas tres y once de marzo del año 2022, consistentes en la resolución que reforma y adiciona las Disposiciones de carácter general a que se refiere el artículo 115 de la Ley de Instituciones de Crédito (LIC) y el Decreto por el que se adiciona el artículo 116 Bis 2 de la Ley de Instituciones de Crédito respectivamente, que permite la posibilidad de que la Secretaría de Hacienda y Crédito Público por medio de la Unidad de Inteligencia Financiera (UIF) incluya en la "Lista de Personas Bloqueadas al Sistema Financiero Mexicano" a los contribuyentes que se ubiquen en el supuesto previsto en el cuarto párrafo del artículo 69-B del CFF, para el efecto de poder seguir realizando operaciones con el sistema financiero mexicano, independientemente de los medios de defensa que tenga a su alcance, para controvertir la determinación de ser considerado como un emisor definitivo.

A manera de conclusión

El procedimiento previsto en el artículo 69-B del Código Fiscal de la Federación (CFF) tiene como finalidad combatir y erradicar una de las prácticas más evasivas que consiste en dar efectos fiscales a comprobantes que si bien reúnen los requisitos formales, no cuentan con una "sustancia material", es decir, amparan operaciones que nunca se llevaron a cabo a fin de generar beneficios indebidos en perjuicio de las arcas del fisco federal.

Cuando la autoridad fiscal detecte que un contribuyente ha estado emitiendo comprobantes sin contar con los activos, personal, infraestructura o capacidad material, directa o indirectamente, para prestar los servicios o producir, comercializar o entregar los bienes que amparan tales comprobantes, o bien, que dichos contribuyentes se encuentren no localizados, se presumirá la inexistencia de las operaciones amparadas en tales comprobantes.

El segundo párrafo dispone que, en dicho supuesto, procederá a notificar a los contribuyentes que se encuentren en dicha situación a través de su buzón tributario, de la página de internet del Servicio de Administración Tributaria (SAT), así como mediante publicación en el Diario Oficial de la Federación (DOF), con el objeto de que aquellos contribuyentes puedan manifestar ante la autoridad fiscal lo que a su derecho convenga y aportar la documentación e información que consideren pertinentes para desvirtuar los hechos que llevaron a la autoridad a notificarlos.

Para ello, los contribuyentes interesados contarán con un plazo de quince días contados a partir de la última de las notificaciones que se hayan efectuado.

El tercer párrafo prevé que lo contribuyentes podrán solicitar a través del buzón tributario, por única ocasión, una prórroga de cinco días al plazo previsto en el párrafo anterior, para aportar la documentación e información respectiva, siempre y cuando la solicitud de prórroga se efectúe dentro de dicho plazo.

Por su parte, el cuarto párrafo, dispone que, transcurrido dicho plazo, la autoridad, en un plazo que no excederá de cincuenta días (del 1 de enero del año 2014 al 24 de julio del año 2018 se preveían solamente 5 días), valorará las pruebas y defensas que se hayan hecho valer; notificará su resolución a los contribuyentes respectivos a través del buzón tributario.

Que dentro de los primeros veinte días de ese plazo, la autoridad podrá requerir documentación e información adicional al contribuyente, misma que deberá proporcionarse dentro del plazo de diez días posteriores al en que surta efectos la notificación del requerimiento por buzón tributario.

Que el referido plazo de cincuenta días se suspenderá a partir de que surta efectos la notificación del requerimiento y se reanudará el día siguiente al en que venza el referido plazo de diez días.

Asimismo, se publicará un listado en el DOF y en la página de Internet del SAT, de los contribuyentes que no hayan desvirtuado los hechos que se les imputan y, por tanto, se encuentran definitivamente en la situación a que se refiere el primer párrafo de dicho artículo.

Asimismo, dispone que en ningún caso se publicará este listado antes de los treinta días posteriores a la notificación de la resolución.

Así, la norma dispone que los efectos de la publicación de este listado serán considerar, con efectos generales, que las operaciones contenidas en los comprobantes fiscales expedidos por el contribuyente en cuestión no producen ni produjeron efecto fiscal alguno.

Del mismo modo, el séptimo párrafo se prevé que si la autoridad no notifica la resolución correspondiente, dentro del plazo de cincuenta días, quedará sin efectos la presunción respecto de los comprobantes fiscales observados, que dio origen al procedimiento.

A su vez, el octavo párrafo dispone que las personas físicas o morales que hayan dado cualquier efecto fiscal a los comprobantes fiscales expedidos por un contribuyente incluido en el listado a que se refiere el párrafo cuarto (anteriormente tercer párrafo) del artículo, contarán con treinta días siguientes al de la citada publicación para acreditar ante la propia autoridad, que efectivamente adquirieron los bienes o recibieron los servicios que amparan los citados comprobantes fiscales, o bien procederán en el mismo plazo a corregir su situación fiscal, mediante la declaración o declaraciones complementarias que correspondan, mismas que deberán presentar en términos del código.

Asimismo, el precepto dispone que, en caso de que la autoridad fiscal, en uso de sus facultades de comprobación, detecte que una persona física o moral no acreditó la efectiva prestación del servicio o adquisición de los bienes, o no corrigió su situación fiscal, determinará el o los créditos fiscales que correspondan, y que las operaciones amparadas en los comprobantes fiscales antes señalados, se considerarán como actos o contratos simulados para efecto de los delitos previstos en el CFF.

De la anterior narrativa, se advierte que el numeral en comento contempla dos procedimientos o vías claramente diferenciadas e independientes; esto es: a) los siete primeros párrafos van dirigidos a aquellos contribuyentes quienes expiden los comprobantes fiscales cuyas operaciones, por satisfacer ciertas particularidades legalmente consignadas, se presumen, y en su caso, consideran inexistentes; y b) los párrafos octavo y noveno están dirigidos a las personas físicas o morales que hayan dado cualquier efecto fiscal a los comprobantes fiscales expedidos por un contribuyente incluido en el listado a que se refiere el párrafo quinto del artículo 69-B reproducido.

En suma, el numeral reproducido prevé un procedimiento para que las autoridades investiguen, evalúen circunstancias, y en su caso, presuman la inexistencia de las operaciones de los contribuyentes que hayan emitido comprobantes fiscales sin contar con activos, personal, infraestructura o capacidad material, directa o indirectamente, para prestar los servicios o producir, comercializar o entregar los bienes que amparan dichos comprobantes o cuando no se localice al contribuyente; asimismo, establece que, los terceros que hayan utilizado estos documentos a efecto de soportar una deducción o un acreditamiento, tendrán un plazo para demostrar ante la autoridad que efectivamente adquirieron los bienes o recibieron los servicios, o para corregir su situación fiscal.

Bajo este contexto normativo, el numeral prevé dos procedimientos independientes, según se trate de: a) quién expidió los comprobantes, o, b) quien los recibió, aplicó y otorgó efectos fiscales.

El procedimiento previsto en el citado numeral 69-B del CFF, si bien tiene como objetivo primordial verificar la existencia de las operaciones que amparen los comprobantes fiscales que se emitan, también lo es que, en términos de lo dispuesto en el antepenúltimo párrafo del numeral analizado, en caso de que la autoridad fiscal, en uso de sus facultades de comprobación, detecte que una persona física o moral no acreditó la efectiva prestación del servicio o adquisición de los bienes, o no corrigió su situación fiscal, en los términos que prevé el párrafo anterior, determinará el o los créditos fiscales que correspondan.

Esto es, si se comprueba que las operaciones que amparan los comprobantes emitidos son inexistentes o simulados, ello puede dar lugar a la determinación de créditos fiscales, atendiendo al contenido del penúltimo párrafo.

En ese contexto, resulta relevante considerar lo expuesto por el legislador para adicionar el artículo 69-B del CFF, relacionado con los comprobantes fiscales.

De acuerdo con la exposición de motivos del artículo analizado, las prácticas indebidas respecto del uso de los comprobantes fiscales evolucionaron, por lo cual, para el ejercicio fiscal del año 2014, el legislador decidió adicionar el artículo 69-B del CFF.

En esta propuesta el legislador centra su atención en los contribuyentes que realizan fraudes tributarios a través del tráfico de comprobantes y tiene como objetivo enfrentar y detener este tipo de prácticas evasivas que ocasionan un grave daño a las finanzas públicas y perjudican a quienes sí cumplen con su deber constitucional de contribuir al gasto público.

Como ya quedó precisado, los siete primeros párrafos del artículo 69-B del Código Fiscal de la Federación, van dirigidos a los contribuyentes que expidan los comprobantes cuyas operaciones se presuman inexistentes y en suma prevén que, cuando se presuma la inexistencia de las operaciones amparadas en tales comprobantes, la autoridad procederá a notificar a los contribuyentes que se encuentren en dicha situación a través de su buzón tributario, de la página de internet del SAT, así como mediante publicación en el DOF, con el objeto de que aquellos contribuyentes puedan manifestar ante la autoridad fiscal lo que a su derecho convenga y aportar la documentación e información que consideren pertinentes para desvirtuar los hechos que llevaron a la autoridad a notificarlos; y para ello, los contribuyentes interesados contarán con un plazo de quince días contados a partir de la última de las notificaciones que se hayan efectuado.

Transcurrido dicho plazo, la autoridad, en un plazo que no excederá de cincuenta días, valorará las pruebas y defensas que se hayan hecho valer; notificará su resolución a los contribuyentes respectivos a través del buzón tributario y publicará un listado en el DOF y en la página de internet del SAT, únicamente de los contribuyentes que no hayan desvirtuado los hechos que se les imputan y, por tanto, se encuentran definitivamente en la situación a que se refiere el primer párrafo de ese artículo.

Los contribuyentes receptores que le dieron efectos fiscales a los comprobantes fiscales señalados que contienen operaciones inexistentes, no tienen interés para solicitar la declaratoria de extinción de facultades al transcurrir el plazo de cincuenta días previsto en el cuarto párrafo (antes tercer párrafo) del artículo 69-B del CFF, pues en todo caso, ello va dirigido y puede solicitarse por quien expidió los comprobantes cuyas operaciones se consideran inexistentes, y no así por quien los recibió, pues para éste, está el procedimiento previsto en los párrafos octavo y noveno de dicho numeral.

A partir del primero de enero del año 2021 inicia la vigencia del décimo párrafo adicionado al artículo 69-B del CFF, pasando por consecuencia a ser considerado como el último párrafo del numeral, donde particularmente se consigna que también se presumirá la inexistencia de las operaciones amparadas en los comprobantes fiscales, cuando la autoridad fiscal detecte que un contribuyente ha estado emitiendo comprobantes que soportan operaciones realizadas por otro contribuyente, durante el periodo en el cual a este último se le hayan dejado sin efectos o le haya sido restringido temporalmente el uso de los Certificados de Sello Digital (CSD) en términos de lo dispuesto por los artículos 17-H y 17-H Bis del CFF, sin que haya subsanado las irregularidades detectadas por la autoridad fiscal.

Lo que establece el artículo 69-B del CFF es para presumir la inexistencia de las operaciones del contribuyente que expidió los comprobantes fiscales que amparan esas operaciones, así como también para desconocer los efectos que los adquirentes de esos comprobantes les hayan dado, pero no para desconocer la existencia de las operaciones de los emisores con sus proveedores, pues para ello tendría que aplicarles el procedimiento que establece este numeral a dichos proveedores o en su caso ejercer las facultades de comprobación al emisor de comprobantes presuntamente con operaciones inexistentes.

Bibliografía

CONSTITUCIÓN POLÍTICA DE LOS ESTADOS UNIDOS MEXICANOS QUE REFORMA LA DE 5 DE FEBRERO DE 1857.

CÓDIGO DE COMERCIO.

CÓDIGO FEDERAL DE PROCEDIMIENTOS CIVILES.

CODIGO FISCAL DE LA FEDERACIÓN.

LEY DE AMPARO REGLAMENTARIA DE LOS ARTICULOS 103 Y 107 DE LA CONSTITUCIÓN POLÍTICA DE LOS ESTADOS UNIDOS MEXICANOS.

LEY DE INSTITUCIONES DE CRÉDITO.

LEY DEL IMPUESTO AL VALOR AGREGADO.

LEY DEL IMPUESTO ESPECIAL SOBRE PRODUCCIÓN Y SERVICIOS.

LEY DEL IMPUESTO SOBRE LA RENTA.

LEY FEDERAL DEL IMPUESTO SOBRE AUTOMÓVILES NUEVOS.

LEY FEDERAL DE PROCEDIMIENTO CONTENCIOSO ADMINISTRATIVO.

LEY GENERAL DE TÍTULOS Y OPERACIONES DE CRÉDITO.

LEY ORGÁNICA DEL TRIBUNAL FEDERAL DE JUSTICIA ADMINISTRATIVA.